理は変革の中に在り

苦労が「思考」「感性」「勇気」を磨く

野村克也

KKベストセラーズ

プロローグ　〜苦労が「思考」「感性」「勇気」を育てる

伸びる人、伸び悩む人の差

毎年、プロ野球界にはたくさんの新人選手が入ってくる。

例年同じ光景が繰り広げられるのだが、今年（２０１４年）で言えば東北楽天ゴールデンイーグルスに入団した松井裕樹《まついゆうき》のように、ペナントレースが始まる前からスポーツ紙の1面を何度も賑わせる新人もいれば、マスコミやファンからほとんど注目されることがないまま、プロ野球人生をスタートさせる新人もいる。

プロ野球の世界が面白いのは、５年後、あるいは10年後には、両者の立ち位置が完全に逆転しているケースも珍しくないということだ。

たとえば２００６年の読売ジャイアンツ。この年、ジャイアンツには希望入団枠では福田聡志《ふくださとし》が、高校生ドラフト１巡目では辻内崇伸《つじうちたかのぶ》が入団している。福田は8年間のプロ生活で通算22勝の勝ち星をあげてはいるが（２０１４年開幕時点）、ドラフト１位クラスの選手として成功を収めているとは言い難い。また辻内については将来のエースと期待され、ジャイアンツの高卒ルーキーとしては、松井秀喜《まついひでき》以来となる1億円の契約金で入団した。だがケガに悩まされたこともあり、結局一度も1軍に上がることがないままユニフォームを脱いでいる。

一方でジャイアンツには同じ年、育成選手枠で山口鉄也《やまぐちてつや》が入団している。ジャイアンツが山口を育成選手枠で獲得したのは、入団テストに合格したからである。山口は当初「投手力に隙《すき》があるチームであれば、合格になる可能性が高い」と考えて、横浜ベイスターズ（当時）と楽天イーグルスの入団テストを受けたが不合格になったと言う。そこでダメもとのつもりでジャイアンツの入団テストに臨んだところ、コーチ陣の目に留まり合格になったのである。

つまり当時の山口は、横浜ベイスターズや楽天イーグルスからは「プロ野球のピッチャーとして活躍できる見込みがない」と判断されたわけだ。ベイスターズとイーグルスの首脳陣の見る目がなかったと言えばそれまでだが、少なくともその時点での山口は、「誰がどう見てもプロで通用する」と言う領域には達しておらず、当落線上レベルの選手であったということだろう。

それが今や球界を代表するセットアッパーであることは、衆目の一致するところである。２０１３年には6年連続60試合以上登板の日本記録を更新した。鳴り物入りでジャイアンツに入団したものの、伸び悩んだ同期の福田や辻内とは対照的である。そこがプロ野球という世界の面白いところなのである。

ただしこうしたことはプロ野球に限った話ではないだろう。どんな世界でも若くして才覚を発揮し将来を嘱望《しょくぼう》された人間が、必ずしもその後の人生で成功を収められるとは限らない。その逆もまた然《しか》りである。

寓話《ぐうわ》の「ウサギとカメ」のように、カメがいつの間にかウサギに追いつき、気がつけばウサギを追い抜いているということは、実社会でもしばしば起こり得ることである。だから人生は面白く奥深いのだ。

カメにはカメの強みがある

ではなぜカメは、時にウサギに追いつき追い抜くことがあるのだろうか。

私は、カメにはカメならではの強みがあると思っている。それは「否が応でも苦労を強《し》いられる」ということだ。たいした苦労もせずに階段をぴょんぴょんと駆け上がることができるウサギとは違い、カメは階段を一段一段上るごとに苦労に直面する。この苦労を苦労で終わらせずに自分を高めるチャンスに変えることができたとき、カメがウサギに追いつき追い抜く可能性が生まれる。

私自身はウサギとカメで言えば、間違いなくカメである。1954年、私は入団テストに合格して南海ホークス（現・福岡ソフトバンクホークス）に入ったものの、1年目のシーズンオフにいきなり解雇を宣告された。球団としてはもともと私を戦力としては期待しておらず、ピッチャーが投球練習をするときのブルペンキャッチャーの数合わせのために採用したからである。

入団1年目の解雇通告は「どうせ野村はプロでやっていけるだけの実力がないのだから、ほかの道でやり直すには早いほうがいい」という球団なりの「厚意」によるものだった。しかし私としては、球団の通告におとなしく従うわけにはいかなかった。「プロで活躍して金を稼ぐことで、何とか貧乏から抜け出して母を楽にさせたい」という強い思いがあったからである。

私は日本海に面する京都府網野町《あみのちょう》（現・京丹後市《きょうたんごし》）で、小さな食料品店を営む家族の次男として生まれた。ところが3歳のときに、父を戦病死で亡くした。残された母はひとりで店を切り盛りしていたが、やがて大病を患《わずら》い店を閉めざるを得なくなった。そこから私たち家族の極貧生活が始まる。以来、私は兄と一緒にアルバイトをしながら病弱の母を支え、やっとのことで暮らしを立てていたのである。

プロ野球選手になることは、その貧乏から抜け出す絶好のチャンスだった。だから私はせっかくつかんだこのチャンスを、簡単に手放すわけにはいかなかったのだ。

「私は母親を楽にさせるためにプロ野球に入ったんです。このままではあきらめられません。お願いです、もう1年だけでいいから機会をください」

私は何度も頭を下げて、球団職員に必死に頼み込んだ。そして最後は相手を根負けさせる形で契約延長を認めさせたのである。

しかし「これでやっと野球が続けられる」とホッとしたのもつかの間、今度は2軍の監督からファーストへのコンバートを命じられた。「おまえのその肩では、1軍ではキャッチャーとして通用しない」というのだ。確かに入団時、私の肩は弱かった。私はまた暗澹《あんたん》とした気分になった。

そもそも私が、数ある球団のなかから南海ホークスを選んで入団テストを受けたのは、当時のホークスはキャッチャーが手薄であり、「自分にも入り込める余地があるはずだ」と考えたからだった。前述した山口鉄也が「自分にもチャンスがありそうだ」という理由で横浜ベイスターズ、楽天イーグルスの入団テストを受けたのと同じである。

しかしファーストとなると、南海ホークスには飯田徳治《いいだとくじ》さんという不動の4番バッターがどっかりと座っていた。私が1軍でポジションを得られる可能性は限りなく低かった。つまりそれは私がたいした活躍もできずに、クビになる確率が高いことを意味する。

「これは何が何でも肩を鍛えて、もう一度キャッチャーに戻らなくてはいけない」

と、私は危機感を抱いた。そしてボールの握り方から勉強し直し、当時は誰も取り組んでいなかった筋力トレーニングにも挑戦して遠投力をつけ、わずか1年でキャッチャーへの復帰を果たしたのである。

ちなみに当時の野球界では「利き腕では箸《はし》より重いものは持ってはいけない」といった非科学的なことが信じられており、筋力トレーニングは御法度《ごはっと》とされていた。しかし私はそんなタブーに振り回されているわけにはいかなかった。野球選手としての道を切り拓くためには、肩が弱いという弱点を克服しなくてはいけない。そのためには新しいことへの挑戦をためらっている場合ではなかったのである。

敵を知り己を知れば百戦危うからず

このようにして私のプロ野球人生は、まさに「苦労」の連続から始まった。しかしこの「苦労」があったからこそ私は60年もの間、選手や監督、解説者としてプロ野球の世界で飯を食うことができているのだと思う。

苦労は誰だって嫌なものである。本物の苦労を味わった人間は、「どうにかこの状態から抜け出したい」と本気で願うものだ。すると苦労から抜け出すための方法を一生懸命に考える、「思考」という習慣が育《はぐく》まれていく。

野球で言えば自分が1軍入りをしてレギュラーの座をつかむためには、ライバルと比べて何が足りなくて何が優《まさ》っているのか、その差を埋めるためにはどうすればいいのかを必死で研究するようになる。「敵を知り己を知れば百戦危うからず」というやつである。

すると今度は次第に、自分や周りの人間が置かれている状況や心理、変化などを敏感に察知する「感性」も磨かれていく。

そしてさらには、私が当時タブーとされていた筋力トレーニングに取り組んだように、苦労から抜け出すために新しいことに果敢にチャレンジする「勇気」も身についていく。

つまり苦労とまともに向き合った人間は、「思考」「感性」「勇気」を備えることができるようになるわけだ。

南海ホークスに入団したばかりのころ、私はプロ野球選手としてこれといってずば抜けた素質を持っているわけではなかった。私がほかの選手よりも優れているものがあったとすれば、それは苦労をするなかで培《つちか》われていった「思考」「感性」「勇気」の3つである。

私は相手チームと戦うときに、「感性」を十分に働かせて相手選手の心理や状態を感じとろうとした。そしてキャッチャーとしてはバッターを打ちとるために、バッターとしてはピッチャーを打ち崩すために、徹底的に「思考」を働かせて考え抜いた。また勝つためには失敗を恐れずに新しいことにチャレンジする「勇気」も大切にしていた。

私が日本のプロ野球界で唯一3000試合以上の出場を果たし（まもなく谷繁元信《たにしげもとのぶ》〈中日ドラゴンズ〉が私の記録を抜くだろうが）、王貞治《おうさだはる》に次ぐ657本のホームランを打つことができたのは、「思考」「感性」「勇気」の3つがあったからである。

またこの3つの力は、南海ホークス、ヤクルトスワローズ、阪神タイガース、楽天イーグルスの4球団で監督を務めるときにも当然活かされた。

生き残るための分かれ道

天賦《てんぷ》の才に恵まれた者たちが選ばれて入ってくるプロ野球の世界は、先ほどのウサギとカメで言えばウサギの集まりである。私から見れば、彼らの多くは「思考」も「感性」も使わずに「素質」だけで野球をしている。

彼らは中学校、高校、大学と、ずっとお山の大将で野球をやってきた。下積みや苦労をした経験がないから、感じたり考えたりする必要もなかったわけだ。

しかしアマチュアのときにはどんなに優秀な選手だったとしても、ごく一部の一流選手を除けば、プロに入ってからは「素質」だけで野球をしようとしても通用しなくなる。プロの世界には、自分よりも速いボールを投げるピッチャーや、遠くへボールを飛ばすバッターはざらにいるからだ。そのとき「思考」や「感性」を働かせ、変わる「勇気」を持てるかどうかが、プロで生き残るための分かれ道となる。

またごく一部の一流選手も、やがて年齢による衰えがきたときには、やはり「素質」だけで野球をするのは困難になる。にもかかわらず、今までどおりのやり方を続けていたら、早晩引退に追い込まれることになる。

つまりどんな選手でも、いずれは「苦労」に直面しなくてはいけないときがくるわけだ。人生とはよくできたもので、若いときに苦労した人は歳をとってから楽ができるが、若いときに楽をすると歳をとってから苦労することになるのである。

大切なのは苦労に直面したときに、「思考」や「感性」を働かせてその苦労を乗り越えられるかどうかである。そして今までの自分とは違う自分になろうとする「勇気」が持てるかどうかである。「これが自分の限界なんだから、もうこれでいいんだ」と、簡単にあきらめてしまったら、その時点でその選手の野球人生は終わりである。苦労から逃げずに「思考」「感性」「勇気」をギリギリまで働かせることができた選手だけが、長年にわたって超一流選手であり続けることができるわけだ。

そう考えると苦労と真剣に向き合うことは、「本物の人間になるチャンス」であると言える。

若いころにさんざん苦労をしてきた私としては、苦労ほど嫌なものはないことを身にしみてわかっている。しかし一方で苦労が自分を成長させてきたこともよく知っている。

今、日本の社会は厳しい時代を迎えており、多くの方々がそれぞれの現場でたいへんな苦労と向き合っておられることだろうと想像する。しかしその苦労は絶対に報われるはずである。また報われるものにしなくてはいけないと思う。

プロの世界では「これくらいやればいいや」「俺はこんなものだろう」などと、自分に対して「限定」「満足」「妥協」することは禁物である。

また、一般の社会においてもそれは同様であるはずだ。

苦労を成長の糧《かて》にするためのヒントになる話を、これから本書のなかで述べていきたいと思う。

理は変革の中に在り

目次

第2章 理は変革の中に在り

編集協力　長谷川 敦
装丁　岡 孝治
プロフィール写真　小池伸一郎

第1章

苦労こそが人生の原点

1. 苦労が人間の探究心を育む

マー君への後悔

マー君こと田中将大《たなかまさひろ》については、後悔していることがある。それは「十分に苦労をさせてやれなかった」ということだ。

田中が東北楽天ゴールデンイーグルスに入団してきたのは、2007年のことだ。私が楽天イーグルスの監督に就任して2年目のときである。2月のキャンプで初めて田中の球を目の前で見たとき、私が感じたのは「すごいボールを投げる18歳がいるものだな」ということだった。

これまでも私は選手や監督、評論家として、「怪物」とか「10年にひとりの逸材」などと言われてプロに入ってきた新人投手が投げる球を何度も目にしてきた。尾崎行雄《おざきゆきお》、江夏豊《えなつゆたか》、江川卓《えがわすぐる》、野茂英雄《のもひでお》、松坂大輔《まつざかだいすけ》……。

ただし過去の怪物ルーキーと田中では、明らかに違っていたことがある。尾崎や江夏の武器がストレートだったのに対して、田中は変化球のキレで勝負するタイプのピッチャーだったということだ。特にブレーキが効いたスライダーがいちばんの武器で、当時からプロの主力バッターでも思わず振ってしまうほどの威力を持っていた。

これは新人ピッチャーとしては異例のことで、私のなかでもあまり記憶がないことだった。田中のスライダーはすでに新人の時点でかなりの完成度に達していたが、このまま磨き続ければ、やがては全盛期の稲尾和久《いなおかずひさ》や伊藤智仁《いとうともひと》のスライダーに匹敵する領域に到達するのではないかと思えるほどだった。

「これは1年目から1軍で使える」

と、私は確信した。そして開幕時から田中をローテーション投手として起用することにした。田中はこの年、私の期待に応えて11勝7敗の成績をあげて新人王を獲得する。

しかし私は田中を1軍のマウンドに送りながら、その一方で「いつか2軍に落としてやらなくてはいけない。いつ2軍に落とそうか」ということをいつも考えていた。

ご存じのとおり田中は高校時代、斎藤佑樹《さいとうゆうき》（現・北海道日本ハムファイターズ）と並ぶ甲子園のヒーローだった。それが鳴り物入りでプロの世界に入って、たいした苦労もしないままに、すぐにそこそこの成績を残してしまえば、慢心したり天狗になってしまうことが私には不安だった。

ただでさえプロ野球選手には外部からの誘惑が多い。1年目にちょっと活躍しただけで「プロのレベルはこんなものか」と高をくくり、野球よりも遊びのほうに夢中になってしまったために選手生命を自ら縮めてしまった選手を、私はこれまで山ほど見てきた。田中にはそうなってほしくなかった。順調に育てば、将来確実に日本のプロ野球を代表するピッチャーになれる逸材だったからである。

だから私は、タイミングを見計らって田中を2軍に落とそうと考えていたのである。田中に苦労をさせてやろうと思ったのだ。

挫折を味わった人間は強くなる

私も現役時代、入団してすぐの2年間、2軍での生活を経験している。

正確に言うと、1年目のときに9試合ほど1軍の試合に出させてもらったことがあった。私はブルペンでひたすらピッチャーの球を受ける「カベ」として1軍に帯同していたのだが、それでもときどき「野村、おまえが行ってこい」とバッターボックスに立たされることがあったのである。当時はベンチ入りの選手が今ほど多くなく、試合がワンサイドの展開になって選手の数が足りなくなったときに、「カベ」にもお呼びがかかったのだ。

結果は11打数0安打5三振。まったく相手にならなかった。私は1軍選手との実力差を嫌というほど思い知らされることになった。

翌年の私はずっと2軍暮らしだった。2軍では3割2分1厘の打率で、関西ファームリーグ（現・ウエスタンリーグ）2位の打撃成績を収めたが、1軍とのレベルの違いを知っている私は、いくら打っても自信には結びつかなかった。

2軍は、1軍の華やかな舞台とは何もかもが対照的である。スタンドは常にガラガラ。ヒットを打っても拍手をしてくれる観客さえいない。当時、南海ホークスの2軍用宿舎だった「初芝寮」もひどかった。物置を改造したような窓もない3畳ほどの部屋に押し込められ、朝食は丼飯にみそ汁だけという生活を強いられたからである。

当時、福岡に本拠地を構えていた西鉄ライオンズ（現・埼玉西武ライオンズ）と対戦をするために電車移動をするときでも、1軍は特急の1等車であったのに対して2軍は夜行列車。しかも座る席がないので、新聞紙を通路に敷いて、ボストンバッグを枕にして寝たものである。

だから3年目の春、「カベ」ではなく「戦力」として開幕1軍メンバーに選ばれたときには「もう二度と2軍に戻りたくない。あんな苦労はしたくない」と強く心に誓ったものである。その誓いこそが、私が1軍に定着してからも慢心しなかったいちばんの理由である。だから私は、若いときに経験してきたそうした苦労を、田中にもルーキーのうちに経験させてやることが大切ではないかと思ったのである。

もちろん2軍と言っても、私が若手だったころと現在とでは、住まいも食事も練習施設も見違えるほどに改善されている。ある意味、今の2軍選手は、恵まれすぎるぐらいに恵まれた環境を与えられている。それがプロに入っただけで満足してしまい、若手選手にハングリー精神が育たない要因のひとつになっているように思う。

とはいえ高校時代、ずっと陽の当たる道を歩き続けてきた田中にとって、2軍に落とされるという「挫折」はこれ以上にない苦労になるはずだ。

どうすれば1軍に上がれるか自問自答を繰り返すなかで、考える力や感じる力も強くなるだろうし、再び1軍のイスをつかみとったときには「もうあんな思いは絶対にしたくない」という覚悟や根性も据わるはずである。

「顔」で勝負しているうちは本物にはなれない

しかし私は「いつか田中を2軍に落とそう」と考えながらも、現実にはずっと1軍で彼を使い続けることになった。当時の楽天イーグルスの投手事情がそれを許さなかったからである。

田中はこの年11勝をあげたが、そのほかの主な先発投手陣の成績は、朝井秀樹《あさいひでき》が8勝8敗、永井怜《ながいさとし》が7勝7敗、岩隈久志《いわくまひさし》が5勝5敗、青山浩二《あおやまこうじ》が4勝8敗……。田中以外に二桁の勝利数をあげたピッチャーはひとりもいない。特に前半戦はエースとして期待していた岩隈を故障で欠くことになり、苦しいやりくりが続いた。正直、高卒ルーキーの田中に頼らないと、まともにローテーションが組めない状況だったのである。

また田中自身も、思わず私が「マー君、神の子、不思議な子」とコメントしてしまったくらいに、不思議な運を持ったピッチャーだった。田中が投げると、たとえ打たれて降板した試合でもなぜか負けがつかないのだ。そのあとに打線が打ち返して、田中の黒星を消してしまうのである。

ピッチャーを2軍に落とすタイミングとしていちばんいいのは、ノックアウトをされて敗戦投手になったときである。2軍行きになったピッチャーは、「なぜあのとき自分は打たれたのか」「自分には何が足りなかったのか」「どうすれば今度は抑えることができるか」といったことを必死で考え、変わろうとするからだ。

ところが田中の場合は打たれてもなかなか黒星がつかないので、私も彼を2軍に落とすタイミングを逸してしまったのである。

もちろん結果論で言えば、「田中を2軍に落とす必要などなく、これでよかった」のかもしれない。田中は高卒ルーキーとして新人王をとったあとも、決して慢心することはなかった。その後も着実に成長を遂げ、2013年には24勝0敗の成績をあげて楽天史上、初の日本一の立役者となった。そして、ご存じのとおり2014年からは海を渡ってニューヨーク・ヤンキースのユニフォームを着ている。

しかし、それでも私は、1年目に2軍を経験させたほうがよかったのではないかと、今でも思う。

最近の田中は、同じく日本のエースとして日本ハムファイターズからメジャーに移籍したダルビッシュ有《ゆう》と比較されることが多い。私も今年（2014年）の開幕前後には、記者たちから「ダルビッシュはメジャー1年目に16勝をあげましたが、マー君はどれくらい勝てるでしょうか？」といった類の質問を何度もされた。

勝ち星を正確に予想することは難しいが、現時点で言えば、実力的には田中よりもダルビッシュのほうがかなり上だと私は思っている。

ダルビッシュは、相当に優れた「感性」や「思考力」を備えている。だからその日の自分のコンディションや相手打線に合わせて、ピッチングを修正しながら試合を組み立てていくことができる。だが田中についてはまだそれが足りない。バッターの動きを見ながら相手の心理を洞察《どうさつ》し、ピッチングを変えていくといった領域には到達していないように私には見える。

田中は日本にいるときには、ある意味「顔」で相手打者を抑えられる部分もあった。しかしメジャーの主力打者を相手にしたときにはそうもいかなくなる。「思考」と「感性」をフル回転させることが求められる。今後、田中はメジャーで苦労をしながら、それを身につけていくことになるだろう。

だからこそ田中には、私が楽天イーグルスの監督を務めている間にそうした類の苦労をもっとさせてやりたかったと思うのだ。そのためにはやはり2軍に落としておくべきだった。そうすれば今よりもより深い「思考」や鋭い「感性」を持って、野球に臨むことができたはずである。田中には高い可能性を感じているからこそ、「私はあのとき田中に対して、もっとできることがあったのではないか」と、今でも思ってしまうのだ。

苦労が人生の原点になる

私は、苦労に直面したときに、その苦労にどう向き合ったかによって、その人自身の生き方、考え方が定まっていくと思っている。「若いうちの苦労は買ってでもしろ」という言葉があるが、これは若いうちの苦労がブレない生き方を確立するうえで欠かせないものだからだ。

私にとっての人生の原点は、少年期の貧困生活や、テスト生として南海ホークスに入団した時期にある。文字どおりハンディキャップを背負った状態からのスタートだった。そのため私は、どん底から抜け出すために何が必要かを必死に感じとり、考え、行動することを若いころから習慣化した。そして、その習慣は一生ものになった。

また若いときに苦労をしておくと、その後の苦労がたいした「苦」ではなくなっていく。何かつらいことに遭遇したときには、人生の原点に立ち戻れば「あのときの苦労に比べれば、こんなのは苦労のうちに入らない」と思うことができるからだ。

つまり己を精神的に支えていくための「気力」が培われるわけである。私は野球選手には「体力、気力、知力」の3つが必要だと思っているが、苦労をすることは思考力や感性といった「知力」を鍛えることに通じるだけでなく、「気力」を養うことにも当然つながっていくのだ。

私自身、南海ホークス時代にプレーイング・マネージャーとして「監督・キャッチャー・4番」の一人三役をこなさなくてはいけなかった時期は大変荷が重いものだった。そして、1977年に24年間お世話になったホークスをクビになったときには途方に暮れたものである。

また阪神タイガースの監督時代には、私の考えをいっこうに聞こうとしない選手たちにほとほと手を焼いた。

けれども、それに比べても自身の少年期やテスト生として入団したころの苦労のほうがずっと大変だったと断言できる。だから私は「あのときの苦労に比べれば」と思うことで、困難な状況に直面したときでも、気力を持ってそれを乗り越えることができたわけだ。

私自身は、実は「気力」という言葉を口にするのはあまり好きではない。プロであれば

「気力」が備わっているのは当然であり、わざわざ「気力」を問題にしなくてはいけないようではさびしすぎるからだ。我々が取り組んでいるのは少年野球ではない。プロ野球選手であれば「気力」や「体力」ではなく、「知力」で勝負するべきだと思っている。

しかし、だからといって私は「気力」を軽視しているわけではない。気力が選手の成長やチームの成績に大きな影響を与えることについては、私も当然知っている。だからヤクルトスワローズの監督時代には「がむしゃら野球」をチームスローガンに定めた年（1995年）もあったし、楽天イーグルスの監督だった2009年にも「『氣』〜越えろ！」をチームスローガンに掲げて戦った。

私のことを〝知将〟と呼んでくださる方は多いが、「このチームには気力が足りない」と感じたときには、闘将に変わることもあったのだ。

2. 苦労は人間の飽くなき探究心を育む母になる

連続試合出場記録を生み出した「苦労」

苦労によって気力が培われ、気力を通じて素晴らしい成績を残すことができた選手のひとりに衣笠祥雄《きぬがささちお》がいる。

衣笠が2215試合連続出場の世界記録の持ち主であることはみなさんもご存じだろう。衣笠はデッドボールを受けて、全治2週間の骨折と診断されたときにも試合に出続けた。「知力」だけではなく「気力」がないと、成し遂げられなかった記録である。

ではなぜ衣笠は、それだけの強い気力を持って野球に取り組むことができたのか。その原点は少年時代の苦労にあると私は思っている。

衣笠は父親が在日アメリカ軍人、母親が日本人の子としてこの世に生を受けた。当時はまだ終戦直後ということもあり、外国人の子に対する風あたりは強かった。そのため衣笠は、子どものころから好奇の目にさらされ、仲間外れにされ差別を受けてきたと言う。
私はこの話を、衣笠と親しい江夏豊から聞いた。江夏が南海ホークスからトレードに出されて広島カープに移ったときのことだ。江夏は一匹狼タイプの選手ということもあって、広島でもなかなか友人ができなかった。そんななかで唯一声をかけてきたのが、衣笠だったそうだ。

やがてふたりはプライベートの話題についてまで深く話すようになり、あるときお互いのこれまでの苦労話になった。そのときに衣笠は江夏の顔をしみじみと見つめて、「俺はおまえらが経験したことがない苦労を味わってきたんだ」と言いながら、この話をしてくれたのだと言う。江夏は義理人情に厚く、自分がこれと感じた人間にはとことん惚れ込むところがある。江夏が衣笠を信頼し、ふたりが無二の親友になったのはこのときからだと言う。

ともあれ衣笠にとっては、骨折をしながら試合に出続けることは、「少年時代の苦労に比べれば、苦労のうちに入らなかった」はずである。もちろん私は、「差別やいじめが人を鍛える」といった差別肯定やいじめ肯定をするつもりはまったくないが、苦労をすること自体については、人としての「気力」を培ううえで大切なことだと思うのである。

チャンスを逃さないための「苦労」

衣笠は2215試合連続出場の世界記録を成し遂げたが、私もまた出場試合数については3017試合出場の日本記録保持者である（前述したように間もなく谷繁に抜かれるだろうが）。私が3000試合出場を果たすことができたのも、やはり「気力」に支えられてきた面が多々あった。

私も衣笠と同じように、骨折をしながら試合に出場したことがある。1958年、入団5年目のことである。その前年、私は30本の本塁打を放って自身初めてのホームラン王を獲得していた。しかし「これでレギュラーは安泰だ」とはまったく考えなかった。当時の私は打力を買われてレギュラーの座を与えられていたとはいうものの、リードという点では控え捕手に回っていた松井淳《まついじゅん》さんのほうが数段も上だったからだ。だから「何かヘマをしたら、すぐに松井さんに代えられてしまうかもしれない」という危機感を持ちながらプレーをしていたのである。

ところがそんなとき私は、あろうことか打球を右手親指に当てて骨折をしてしまった。もし監督に見つかれば、私に代えて松井さんを先発メンバーに使うだろう。すると松井さんの良さが再認識され、私にはもう二度とチャンスは巡ってこないかもしれない。私は猛烈な危機感に襲われた。だから私は自分が骨折していることを監督にはひた隠しにしてプレーを続けたのである。

試合には特別注文をしたブリキのサックで骨折箇所を固定し、痛み止めの注射を打って臨んだ。投げたり打ったりするときには、当然痛みが走った。けれどもそこは「気力」である。少年時代やテスト生として入団したばかりのころに味わった苦労と比べれば、こんなことは苦労のうちに入らなかった。むしろせっかくつかんだレギュラーの座をケガによって奪われることが許せなかった。ここまで自分が積み上げてきたものがゼロになることのほうが怖かったのである。

「ノム、おまえには負けたよ」

試合後にそう言葉をかけてくれた松井さんの声が今でも忘れられない。松井さんは、私が骨折していることを知っていながら、監督には黙ってくれていたのだ。

私はその後も何度もケガや体の痛みに見舞われたが、よほどのことがない限り休まなかった。私を試合に向かわせたのはふたつの思いである。ひとつは「4番でキャッチャー」というチームの柱として、自分はほかの選手たちの鑑《かがみ》にならなくてはいけない」という責任感。もうひとつは「休めばポジションをとられる。ライバルに付け入れられることになる」という危機感である。

私はそのようにして「知力」だけではなく「気力」にも支えられながら、３０００試合出場という頂《いただき》までたどり着いたのである。

苦労こそが人間の探究心を育む

こうして長年にわたって野球とともに生活を続けるうちに、私のなかにある執着心が生まれてきた。それは「ここまできたのだから、もっと野球を究《きわ》めたい」という思いである。執着心という言い方が悪ければ、探究心と言ってもいいだろう。

私が現役生活にピリオドを打ったのは45歳のときである。今でこそトレーニング理論の進化などにより、48歳でマウンドに立っている山本昌《やまもとまさ》を初めとして40代の現役選手は珍しくなくなっているが、私の時代にはほぼ皆無だった。

実は私も42歳で南海ホークスをクビになったときに、一度は引退を意識したことがあった。「もう十分やったではないか。今が引きぎわではないか」と忠告をしてくれる人もたくさんいた。しかし自分自身の内面を見つめたときに、「まだ辞められない」という気持ちが強いことに気づいたのである。

私は8年間、ホークスでプレーイング・マネージャーを務めた。これは私にとって大きな経験になった。しかしここで監督ばかりか現役まで退いてしまえば、その大きな経験が単に「経験した」ということで終わってしまう。そうではなく監督を経験することで深まった野球観を、今度はひとりのキャッチャーとしてもっと突き詰めてみたいと思ったのである。キャッチャーは守りにおいては監督の分身である。だから監督として経験したことは、キャッチャーとしても直接活かせることが多いはずである。

確かにもうその時点では、肩も衰え、バッティングも全盛期にはほど遠い状態になっていた。しかし投手の能力を引き出す力や、状況を見る目については、若いころとは比べものにならないほどに熟達していた。だから体力的な衰えをカバーしながらも、野球の奥深いところへとさらに一歩も二歩も踏み込んでいきたいと思ったのである。

野球に対する「探究心」と、高まりこそすれど衰えることのない「気力」が、ホークスを解雇になったあとも、ロッテオリオンズ（現・千葉ロッテマリーンズ）と西武ライオンズ（現・埼玉西武ライオンズ）で3年間野球を続ける原動力となったのである。

私がこうした生き方を選んだのは、おそらくテスト生出身だったからだと思う。もし私が甲子園や六大学でスーパースターとして活躍し、プロ入り後も常に陽の当たる道を歩き続けたタイプの選手だったら、辞めぎわもあっさりしたものだったかもしれない。野球選手にとって、加齢とともに自分が打てず、守れなくなる姿を直視することほどつらいものはない。私が苦労を知らない人間だったら、そうしたつらさに耐え切れずに、早めに自分の野球人生に幕を引いてしまっていたことだろう。

野球選手のなかには、「ファンに情けない姿を見せたくない」といって辞める人もいるが、あれは半分以上は嘘で、本当は自分が自分の情けない姿を見たくないのである。

しかし私はテスト生出身である。ゼロから苦労を積み重ねながら、野球が何たるかを一つひとつ学びとっていった人間である。だから自らの体力の衰えを直視するつらさより、「せっかくここまで到達したのだから、もっと野球を究めたい。もう1年野球を続ければ、もっと違う何かが見えてくるのではないか」という執着心、探究心のほうが優っていたのである。だから私は周りの人間から「もうおまえは必要ない」と言われるまで現役を続けたのだ。

そう、苦労は人間の飽くなき探究心を育む母にもなるのである。

3. 正しい努力をすれば、天才でなくても成功できる

「ただ苦労をするだけ」では何の値打ちもない

私はここまで「苦労」をキーワードにしながら、田中や衣笠、私自身の話をしてきた。ただし誤解してほしくないことがある。それは苦労は、「ただ苦労をした」というだけでは何の値打ちもないということだ。

「俺は幼いころ、家が貧乏でこんなに苦労をしてきた」
「これからというときに左遷にあって、会社で大変な苦労をした」
「上司は私の苦労も理解せず、わかろうともしてくれない」

こうした苦労話を得々と話されたとしても、聞かされる側としては「それは大変でしたね」としか言いようがないだろう。同情はできるかもしれないが、そこから学べるものは何もない。

大切なのは「苦労をすること」ではない。「苦労を経験したこと」をきっかけとして、そこから自分が何を感じ、どう考え、どんな行動を起こしたかが問われるのである。私がルーキー時代の田中を2軍に落とそうかどうか迷ったのも、苦労を経験させることによって、より深く感じ、考え、行動できる選手になってほしかったからだ。

「自分がどんなに苦労をしてきたか」「どれほど不遇な人生を送ってきたか」といったことを強調するばかりで、不遇な状況から抜け出すための努力を怠っている人のことを、私たちは「苦労人」とは呼ばない。

野球選手のなかでも、2軍生活が長かったために苦労人と呼ばれている選手がいる。しかし彼らが下積みのときには「苦労している」ということを自ら意識することもなく、コツコツと努力を続けていたはずである。その結果、努力が実を結び1軍で活躍できたときに、初めて周りの人が「あの人は苦労人だね」と認めてくれるのである。逆にいくら2軍で不遇な選手生活を送っていたとしても、何の努力もしないままくすぶっている選手については、苦労人とは呼ばれない。苦労は努力に昇華できてこそ初めて価値を持ち、周りからも認められるのである。

『論語』に次のような言葉がある。

「子曰く、位《くらい》無きを患《うれ》えず、立つ所以《ゆえん》を患う。己を知る莫《な》きを患えず、知らるべきを為すを求む」

現代語に訳すと「自分が官位を与えられていないことを嘆いてはいけない。それよりも自分が官位を与えられるに適した資質があるかどうかを心配しなさい。また自分のことを認めてくれる人がいないことを憂えてはいけない。それよりも人に認めてもらえるだけのことができているかどうかを心配しなさい」といった意味である。

まったくそのとおりであると思う。「自分は認められていない、期待されていない、不遇である」と嘆くよりも、「自分は本当に評価を受けるに値する力があるのだろうか」ということに意識を向け、認めてもらえる努力をすることが大切なのだ。

そうした努力を続けることで一流になった選手のひとりに、去年(2013年)、現役を引退した宮本慎也《みやもとしんや》がいる。宮本は私がヤクルトスワローズの監督を務めていた1995年に入団してきた。当時の宮本は守備については新人離れしたものを持っていたが、打つほうはからきしダメだった。そこで私は彼のことを「守り専門」という意味で「ヤクルトの自衛隊」と呼んでいたくらいである。それが引退するときには、名選手の証である2000本安打を放つまでに成長したのだから、感慨深いものがある。

彼は若いときから練習の虫だった。同期入団の稲葉篤紀《いなばあつのり》とともに、いつも誰よりも早く神宮の室内練習場にきてバットを振っていた。また試合が終わったあともふたりで居残り練習を続けていた。

そんな宮本が、後日、私に次のように語ってくれたことがある。

「監督さんにどうしたら使ってもらえるか、そればかりを考えていました。プロに入った以上は、試合に出られなければ意味がありません。監督さんに『使いたい』と思ってもらえるような選手になることが大事で、それまでの自分は捨てて練習をしていました」

まさに宮本は前述した『論語』の句どおりのことを考え、実践していたのである。

本当の努力を実践していた王貞治

「努力に勝る天才なし」という言葉がある。「どんなに天賦の才に恵まれた者も、コツコツと努力を積み上げてきた者には勝ることはできない」という意味である。宮本などは、努力によって天才に勝った典型的な選手と言えるだろう。

ただし私は、努力をすること自体はプロであれば当たり前だと思っている。努力はプロであり続けるための最低条件だからだ。努力を怠るような選手は、それ以前のレベルであると言っていい。本当に問われるのは努力をしたか否かではなく、「どれだけ努力をしたか」という努力の徹底度と、「正しい努力ができているか」という努力の中身である。

私はテスト生から這い上がってきたこともあり、現役時代にはマスコミなどから「努力の人」と言われていた。私自身もその言葉を得意に感じていたことがあった。

しかし王貞治の話を聞いたときに、「自分は誰にも負けない努力をしてきた」という自負心は木っ端《こっぱ》みじんに打ち砕かれた。

王の代名詞と言えば、荒川博《あらかわひろし》コーチと二人三脚で究めた一本足打法だが、彼はこの打法を完成させるために「まずはしっかりと一本足で立つ」ことから修練を始めたと言う。

あるとき荒川さんが王を一歩足で立たせたまま、「俺が帰ってくるまで、そのままにしていろ」と言って、食事に出かけたことがあった。すると王は荒川さんが帰ってくるまで、ずっとその場に同じ姿勢で立ち続けていたそうだ。

この話は、王から直接聞いたものではない。彼がそんなことをペラペラと喋《しゃべ》るわけがない。同じ「荒川道場」の門下生だった選手から聞いたことである。

「王のような努力を本当の努力と言うのだ。自分は人よりも少し余計に根気よく練習していただけではないか」

と、私は大いに反省させられることになった。

またこんなこともあった。あるときに銀座で飲んでいたら、たまたま王が仲間と連れだって同じ店に入ってきた。せっかくだから一緒に飲もうということになったのだが、9時を過ぎたぐらいに王が私に耳打ちをした。

「ノムさん、悪いけどお先に失礼します」

「いやいや、こんなチャンスはめったにないよ。せっかくだからもっと話そうよ」

しかし王は私の誘いを断った。聞くと、これから荒川コーチとの練習があると言う。

「だったら『今日は休みます』って、俺から荒川コーチに電話してあげるよ」

と、私は言ったのだが、「いや、それは勘弁してください」と言い残して、王は帰っていった。

私は王がいったいどんな練習をしているのか興味を抱いた。そこであるとき頼んで見学をさせてもらうことになった。

王はあの有名な、天井からぶら下げた紙を日本刀で真っ二つに斬る素振り練習をしていた。体に力を入れすぎず、集中力を研《と》ぎ澄ませて振らないと、刀で紙を斬ることなど不可能である。そのため、ひと振りひと振りがすさまじい気を孕《はら》んでいて、とても気やすく声をかけられる雰囲気ではなかった。私はその光景に文字どおり圧倒された。

当時の王はまだ若く、実績のうえでは先にデビューした私のほうが上だった。しかし私は王の姿を見ながら「俺はもうすぐ、こいつに抜かれるな」と確信したものである。

ただし今でもそうだが、王自身はけっして自分がやってきたことを「苦労した」「努力した」などとは口にしない。王にとって練習に取り組むことは、苦労とか努力ではなく当たり前のことだったからである。私もかつて王からこんなふうに言われたことがある。

「当たり前のことを、当たり前にやっただけですよ。だってノムさんもそうだったでしょ」

私は、ただ脱帽するしかなかった。

本当に努力をする人間は、苦労を苦労とも思わず、そして努力を努力とも思わずに当たり前のように物事に取り組むことができるものだ。王の生き方を見ているとそう思う。

目指す自分になるにはどんな努力が必要かを考える

努力においては、「どれだけ努力をしたか」という徹底度も大事だが、「正しい努力ができているか」という努力の中身も重要である。

たとえば連日のように早出特打をおこない、試合後も素振りを欠かさない選手がいる。しかし、なかなか結果が残せない場合も少なくない。なぜか。練習をおこなう目的が「ただバットを振ること」だけになってしまっているからだ。

自分が「どんなバッターになりたくて、そのためにどんな練習が必要なのか」をしっかりと定めたうえで臨まないと、どれほど努力を重ねたとしても間違った努力になってしまうのである。明確な目的意識を持って、物事に取り組むことが大切になるのだ。

王が日本刀で紙を真っ二つに斬る素振り練習を重ねたのも、一本足打法でのダウンスイングを体得するという明確な目的があってのことだった。

私にもこんな経験がある。私は入団4年目の1957年、30本の本塁打を打ってホームラン王をとり、打率も3割を超えた。ところが翌年、私の成績は急降下した。打率は2割5分3厘、ホームラン数も21本にまで落ち込んだのである。

私としては、けっして慢心したつもりはなかった。練習も手を抜かなかった。むしろ「打てないのは練習が足りないからだ」と考え、さらに素振りの回数を増やしたくらいである。しかし、それでも結果は出なかった。

私は考えた。「これだけ練習しても成果が出ないということは、私の練習の仕方に間違いがあるからではないだろうか。ではどんな練習をすればいいのだろう」と。

当時の私には、カーブが打てないという致命的な弱点があった。ストレートのタイミングでボールを待っているときにカーブがくると、私のバットは見事に空を切ったのである。

それでも私が4年目に3割30本の成績を残すことができたのは、まだ相手バッテリーが私に対してノーマークだったからである。しかしタイトルをとってからは、そうはいかなくなった。私は相手バッテリーから研究をされたうえで弱点を突かれるようになり、成績が落ち込んだのである。

ではどうすればいいのだろうか。当然考えたのは苦手なカーブを克服することだった。しかしその克服法がわからない。鶴岡一人《つるおかかずと》監督に訊ねても「ボールをよく見て、スコーンと打ちゃええんや」と言われるだけだった。私はすっかり途方に暮れた。

そんなとき私は、ある1冊の運命的な本と巡り合う。メジャーリーグで三冠王を2回とったテッド・ウィリアムズの『バッティングの科学』である。そのなかにこんな言葉があったのだ。

「投手は、捕手とサインを交換したうえで投げる。だから、投球動作に入るときには球種が決まっている。ストレートかカーブか、投げるときには、必ずどこかにクセが出ているはずだ」

新鮮な驚きだった。「投手の投げる球種が、手を離れる前にわかる」なんてことは、これまで考えたこともなかったからである。確かにカーブを打つのは苦手だが、もし最初からカーブがくることがわかっていれば、私でも対応できるはずだ。

そのときから私は、自分なりにカーブ打ちの練習に取り組む一方で、ピッチャーのクセやバッテリーの心理を読むことにも力を注ぐようになった。また当時南海ホークスには、日本のプロ野球界初の専属スコアラーと言われる尾張久次《おわりひさじ》さんという方がいた。そこで私は尾張さんに、ピッチャーが私にどのような配球をしてくるのか毎試合記録をつけてもらうようにお願いし、そのデータを自分で分析した。

そしてバッターボックスに入るときには、ピッチャーがどんなボールを投げてくるか、ヤマを張ったうえでバットを構えるようにしたのである。

ピッチャーのクセを見抜くこと、バッテリー心理を読むこと、配球を予測すること。この3つによって、私の打撃成績は7年目の1960年以降、常時3割前後をキープできるようになった。またホームラン王争いの常連にもなった。

今ある自分の能力を見極める

私はバッターには、ホームランバッターとかアベレージヒッターという以外に、きたボールにどのように対応するかという意味で、4つのタイプがあると考えている。

①ストレートのタイミングでボールを待ち、変化球がきたときにもそれに対応する
②内角か外角か、狙い球のコースをあらかじめ決めて打つ
③ライト方向かレフト方向か、打つ方向を決めたうえでボールを待つ
④ストレートか変化球か、変化球ならどんなボールか、あらかじめ球種を絞ったうえでボールを待つ

4年目に壁にぶち当たるまでの私は、①「ストレートのタイミングでボールを待ち、変化球がきたときにもそれに対応する」という姿勢でバッターボックスに入っていた。しかし、①が実際にできるのは、現役選手で言えばイチローのような天才タイプの器用なバッターだけである。つまり先天的な能力が必要とされる。

一方私はイチローとは対照的に、不器用すぎるぐらいに不器用なバッターだった。ストレートを待っているときに変化球がくると、応用動作が効かないから、バットがボールに

柔軟についていかないのである。にもかかわらず、①の姿勢で臨んでいたのだから、それは打率が低迷するのも当然である。

そこで私は自分の不器用さを素直に認めることにした。バッターとしての先天的な能力に見切りをつけたのである。そして、④「ストレートか変化球か、変化球ならどんなボールか、あらかじめ球種を絞ったうえでボールを待つ」バッターになることを目指したのだ。

私は先ほど「『自分がどんなバッターになりたくて、そのためにどんな練習が必要なのか』をしっかりと定めたうえで臨まないと、どれほど努力を重ねたとしても間違った努力になる」と述べた。

私の場合は、これまでのやり方を改めて、「バッテリーの狙いを読んで、ヤマを張って勝負ができるバッターになる」という目標を定めた。そして「単なるヤマ勘」ではなく「根拠に基づいた読みの力」を磨くために努力を重ねることにしたのである。正しい努力をすることが大事であるというのは、そういう意味である。

4.

人間の思考力には限界がない

「己を知り、己を活かす」ことで道は拓ける

では自分にとっての「正しい目標」と「正しい努力」は、どうすれば定めることができるのだろうか。

大切なのは「己を知ること」である。

野球選手としての自分の特徴はどこにあって、何を磨けばプロでやっていけるのか、「思考」と「感性」を十分に働かせて「正しく己を知ること」が必須になるのである。

私が3000試合以上に出場し、650本以上のホームランが打てたのも、「自分には野球選手としての天性の才能はないから、読みを磨くしかない」というように己を知ったからである。もし私が己を見極めないまま野球を続けていたら、「当たれば遠くへ飛ぶけれども、変化球にはからきし弱くて打率が低い」という信頼度が低いバッターに終わった

ことだろう。また「読みの力」が重要な要素を占める、キャッチャーとしても大成できなかったはずである。

日本ハムファイターズに武田勝《たけだまさる》というサウスポーのピッチャーがいる。武田はプロ入りする前は社会人野球のシダックスに所属していた。ちょうど私がシダックスの監督を務めていた時期である。

当時シダックスのエースは、のちに自由獲得枠でジャイアンツに入団した野間口貴彦《のまぐちたかひこ》で、武田は控え投手だった。それほどスピードもなく、小さくまとまっているようなタイプのピッチャーだった。

彼を初めて見たとき、私は、「このままでは厳しいぞ」という印象を持った。ただし細かいコントロールについては、かなり高い精度を持っていた。

私は武田に「左右のバッターが嫌がる球種をそれぞれひとつずつ覚えろ」とアドバイスをした。そこで彼が習得したのが、右バッターに対してはストレートと寸分違わぬ腕の振りで投げながらヒュッと変化するチェンジアップ、左バッターに対してはインコースを鋭く突くシュートである。彼は器用なところがあるので、それができたのだ。

シダックス時代にはエースだった野間口がプロ入り後は伸び悩んだのに対して、武田が長年にわたってファイターズでローテーション・ピッチャーの座を守り続けているのは、「自分の生命線はコントロールの精度である」ことを自覚したからである。つまり己を知ったのだ。そして己を活かすために変化球に磨きをかける努力を怠らなかった。細かいコントロールに加えてバッターが嫌がる球種を持っていれば、安定感のあるピッチングが可能になる。だから彼はプロで成功したのである。

これは野球選手の「性《さが》」なのかもしれないが、ピッチャーであれば剛速球や快速球でバッターをねじ伏せること、バッターであればスタンドに豪快にホームランを叩き込むことにあこがれを抱くものだ。

私のヤクルトスワローズ時代で言えば、あの高津臣吾《たかつしんご》でさえも入団当初はストレートに相当な自信を持っていて、バッターに真っ向から速球で挑もうとしていたし、土橋勝征《どばしかつゆき》でさえも長打力を武器にプロの世界で勝負をしようとしていた。

つまり、当初は己を知らなかったために、間違った目標を設定し、間違った努力をしようとしていたわけだ。

周りを見て正しい道を見つけ出す

己を知るためには、自分の周りを見渡してみるのが効果的である。高校時代には「県下ナンバー1の速球投手」として知られたようなピッチャーでも、プロの世界に入ると並のスピードしか投げられないピッチャーになったりする。プロでは150キロ台の速球を投げられるピッチャーなどざらにいるからだ。

私たちは絶対評価ではなく相対評価のなかで生きている。だから周りの人間と比べながら、己の実力を正確に評価し、そのなかで「自分を活かせる道」を見つけ出すことが大切なのだ。

私は以前、張本勲《はりもといさお》から、「自分がホームランバッターになる未練を断ち切れたのは、野村さんのおかげなんですよ」と言われたことがある。

張本と言えば現役時代は「広角打法」と呼ばれ、右へも左へも打ち分ける芸術的なバッティングで3000本以上ものヒットを放った名選手である。また中距離バッターとして一定の長打力もあった。その張本も、高校を卒業してプロ入りした当初は、ホームランバッターの道を選ぶか中距離バッターに徹するか決めかねていた。しかし私を見て、「自分は中距離バッターでいこう」と心を決めたのだと言う。

「僕だって毎年30本や40本のホームランを打つ自信はありました。でもそうなるとバッティングにかなり無理が生じるんです。たとえ40本のホームランを打ったとしても、打率は2割7分程度に下がってしまうでしょう。しかも40本を打ったからといって、ホームラン王争いで野村さんに勝てるとは限りません。それならいっそのことヒットを打つことに徹しよう。3割3分の打率をマークすれば、ホームランも25本前後は自然に打てますしね。野村さんのバッティングを見て、自分の進む道を決めました」

私から見ても張本は中距離バッターのタイプだった。確かに無理をすればホームランバッターになれただろうが、それは彼の「正しい己の姿」ではなかった。無理をすればフォームを崩しやすくなり、好不調の波が激しくなるからだ。彼は正しい道を選び、3000本安打のほかに、ホームランも500本以上打つことができた。だが、もしホームランバッターの道を求めていれば、3000本安打はおろか500本塁打さえ打てていなかったかもしれない。

張本は、野村という存在を自己と比べることで、正しい己の姿を発見し、偉大な成績を残すことができたのである。

能力には限界があるが、思考力には限界はない

野球というスポーツは、シンプルに言えば「投げる」「打つ」「守る」「走る」の4つの要素から成り立っている。

この4つの要素は、ある程度までは努力によって能力を伸ばすことができるが、どこかで必ず限界に突き当たることになる。ピッチャーで言えば、練習を積めば誰もが150キロ台のボールを投げられるようになるわけではない。速球投手になれるかどうかは、天性の才能によるところが圧倒的大部分を占める。またバッターで言えば、ボールを遠くへ運ぶ能力については、天性の才能によるものが大きい。

だから130キロ台のボールしか投げられないピッチャーが、150キロ台のボールを投げようと努力をするのは、間違った努力である。同様に短距離バッターがホームラン数を増やそうと努力するのも、間違った努力である。天性の才能ばかりは、自分ではどうしようもない。受け入れるしかないのだ。

ただし天から授かった才能には限界はあるが、人間の思考力には限界がないと私は思っている。130キロ台のボールしか投げられないのであれば、どうすればその球速で相手

打者を打ちとれるか、「思考」の限界まで考え抜くことが大事である。そして130キロ台で勝負できるピッチャーへと、「勇気」を持って今の自分を変えていけばいいのだ。事実、武田勝は、チェンジアップとシュートを身につけたことによって、快速球は投げられなくてもプロで通用するピッチャーへと変貌《へんぼう》を遂げていった。

こうした変貌は、ある意味、「天から恵まれた才能を授からなかった人間」だからこその「特権」であると言える。凡人は素質だけでは勝負できない。必ず壁にぶち当たる。苦労をする。だからこそ己が生きる道を必死で考え、変わることができるのである。

人間の本当の勝負は、「実は自分にはたいした素質があるわけではない」と気づいたところから始まるのである。

第2章

理は変革の中に在り

5. どん底を味わった人間だけが、変わる「勇気」を持てる

野村再生工場は「窮すれば通ず」こその策

野村再生工場という言葉がある。他球団でまったく活躍できなかった選手や、かつてはチームの主力として輝きを放っていたがその後低迷していた選手が、私が監督を務めるチームに移籍した途端に「再生」を果たす様子のことを、新聞記者が「野村再生工場」と名づけたものである。

確かに私はこれまでたくさんの選手を再生させてきた。なぜ私が再生できたかと言うと、再生させないことにはチームを成り立たせることができなかったからである。

私はどういうわけか、弱小球団の監督ばかりを任されてきた。

私がプレーイング・マネージャーとして南海ホークスの監督に就任したのは1970年のことだが、その前年ホークスは戦後初の最下位に沈んでいた。ホークスの黄金時代を支

えてきた杉浦忠《すぎうらただし》や皆川睦雄《みながわむつお》といったピッチャーが次々と去っていき、チームは新旧交代の時期を迎えていた。しかしチーム内には、これといっためぼしいピッチャーがいなかった。監督就任2年目の1971年などは、投手成績ベスト10にホークスのピッチャーはひとりも入ることができなかったくらいである。これでは勝負にならなくて当然である。

そこで私が考えたのが、他球団でくすぶってはいるが見どころのあるピッチャーをトレードで獲得して再生させることだった。思えば、これが野村再生工場の始まりである。当時阪急の監督だった上田利治《うえだとしはる》からは「ノムさん、よくこんなピッチャーを使うねぇ」とあきれられたものである。

その後も私は、ヤクルトスワローズ、阪神タイガース、楽天イーグルスと、いずれも投打の戦力が不足しているチームで指揮を執ってきた。だから私は「野村再生工場」としての手腕を否応なく発揮せざるを得なかったわけである。

これがもし私がジャイアンツの監督だったら、野村再生工場を稼働させる必要はなかった。むしろ選手を他球団に供給する側に回っていたかもしれない。「窮すれば通ず」と言うが、人間は苦しい状況に置かれたほうが、知恵を発揮して状況を打開する術を見つけ出すものなのである。

育成の要諦は「気づかせ屋」になること

では私はどのようにして選手たちを再生させていったのか。

野村再生工場の対象になる選手には、前述したように「プロ入り以来ほとんど活躍できないまま移籍してきた選手」や、「かつては主力選手として活躍していたが、その後低迷して移籍をしてきた選手」が多い。前者の代表には江本孟紀《えもとたけのり》や松原明夫《まつばらあきお》（後の福士敬章《ふくしひろあき》）、田畑一也《たばたかずや》、後者の代表には小早川毅彦《こばやかわたけひこ》や山﨑武司《やまさきたけし》などがいる。

このうち前者の選手は、本当はそれなりの力を持っているはずなのに、その力を活かせないままにくすぶってしまっているケースが多かった。選手自身が「自分がどんな能力を持っているか」を正確に把握しておらず、そのために「自分の能力を活かす方法」も身につけられていないのである。つまり「己を知る」ことができていないために「己を活かす」ことができなかったのだ。

ただし、これは選手だけが悪いのではない。球団の指導者が、その選手の可能性を十分に引き出してあげられなかったことにも問題がある。

そこで私はこうした選手には、自分の可能性を再発見させてやることを大事にしている。

たとえば1973年に読売ジャイアンツから南海ホークスに移籍してきた選手に、山内《やまうち》新一《しんいち》というピッチャーがいた。山内はジャイアンツ時代に5年間で14勝をあげていたので、1軍での実績についてはそれなりにはあった。ただし肘を痛めたために登板回数が激減しており、ホークスに移籍してくる前年は0勝に終わっていた。

私は春のキャンプのころから、キャッチャーとして山内のボールを受けながら、「このままではダメだな」と思っていた。山内は肘を故障したために、もう速い球は投げられなくなっていたのだ。ところが彼の投球を見ていると、それでも何とか速い球を投げようと力みまくっているのである。正しく己を知ることができていないがために、間違った努力をしていたのだ。

実は私は山内には、速球以外の可能性を感じていた。山内の右肘は故障のためにくの字に曲がっていた。そのため直球を投げようとしても、ナチュラルにスライダー回転してしまうのである。それがジャイアンツでは「欠点」と見なされ、ホークスに放り出されてしまったのだが、私にはそれが逆に山内の「強み」に思えた。

そこで私は山内にこう言った。

「おまえにはもう150キロは投げられない。だから速球への執着は捨てろ。その代わりおまえには、ストレートがナチュラルに変化するという特徴がある。それを武器に低めにボールを集めてゴロを打たせる投球をすれば、必ず1軍で勝てるピッチャーになるぞ」と。

私にそう言われても、山内としては半信半疑だったはずだ。そこで私は山内自身に自分の可能性を再発見させるために、実際の試合を実験台にすることにした。相手は太平洋クラブライオンズ（現・埼玉西武ライオンズ）。一発屋もいたが、全体に粗っぽく、ゴロで打ちとるにはおあつらえ向きのチームだった。

試合前、私は山内に「おまえの低めのボールがどこまで通用するか、今日はいくら点をとられてもいいから外角低め一辺倒で投げてみろ」という指示を出した。山内も「もう自分にはあとがない」という思いだったのだろう。私のリードに素直に従った。

すると山内は、なんとその試合で完封勝利をあげたのである。三振はわずか2個だったが、ゴロの山を築き上げたのだ。

山内が自分の活きる道を見いだしたのはそこからである。その年の山内は、前年度0勝に終わったピッチャーとは思えないような好投を続け20勝をマーク。南海ホークスのリーグ優勝に大きく貢献した。そしてその後も二桁勝利を毎年コンスタントにあげるピッチャーになった。

私は選手育成の要諦は、監督が「気づかせ屋」になることだと思っている。

もちろん選手としていちばん望ましいのは、自ら考え自ら変わる力を持つことである。壁にぶつかったときでも、どうすればプロで食っていけるかを自分で必死に考えながら答えを見つけ出し、自力で苦しみを乗り越えていける力を持っていればそれがいちばんだ。こういう選手は、監督が何もしなくても自己成長を遂げていくことができる。監督の役割は、その選手の成長を見ながら適切なタイミングで活躍の場を与えてあげることだけだ。

だが残念ながら選手のなかには、己が活きる道を自力で見つけ出せない者もいる。優れた力を持っていながら、その使い方が間違っていたり、方向違いの努力をしている選手が少なくないのだ。

そんなとき監督は、「気づかせ屋」の役割を果たすことが求められる。「おまえが活きる道はここだよ」ということを選手に気づかせ、プロとして生き残るためには何をすべきかに目を向けさせるのだ。それが私が選手を再生させるうえでいちばん心がけていたことである。

間違った先入観を捨てさせる

選手を再生させるためには、彼らが抱いている価値観や先入観を捨てさせることも大切になる。

ヤクルトスワローズの投手陣の柱として、長年活躍を続けてきた川崎憲次郎《かわさきけんじろう》の場合がそうだった。川崎は1990年から3年連続で二桁勝利をあげたあと、ケガもあって成績が急降下し、1996年にはついに0勝に終わった。

そんな彼を再生させるための私からのアドバイスは、「シュートを覚えろ」というものだった。バッターに対して内角の厳しいところを攻められず、甘く真ん中に入った球を痛打されるのが彼の弱点だった。そこでシュートをマスターすれば、その弱みを克服できると私は考えたのである。

しかし川崎は最初のうちシュートを投げることに躊躇《ちゅうちょ》していた。当時シュートは「投げすぎると肘を痛めやすい」と言われていたからである。これまでケガで苦しんできた川崎が、シュートの習得に慎重になるのも無理からぬことだと言えた。

しかし私は「シュートは肘を痛める」という説に懐疑的だった。というのは長いプロ野球人生のなかで、シュートの投げすぎが原因で故障したピッチャーなど見たことがなかったからだ。

そこで私はシュートを武器に165勝もの勝ち星をあげた西本聖《にしもとたかし》に「シュートを投げすぎると、肘を悪くするというのは本当か」と訊ねた。すると西本はこう答えた。

「そんなのは誤解ですよ。シュートは肘で投げるものではありません。人差し指に力を入れてボールを曲げるんです」

その答えに確信を得た私は、「西本もこう言っている。変わることを恐れるな。大丈夫だ」と川崎に話した。それでも川崎は、当初、不安そうな表情を見せていたが、自分が再生するためにはシュートで勝負するしかないと覚悟を決めたのだろう。その習得に懸命に取り組み始めた。私は彼の先入観を取り払うことに成功したのだ。

こうして彼はシュートピッチャーとして復活を遂げることができた。そして1998年には17勝をあげ、最多勝と沢村賞を獲得した。

天性に頼りすぎてきた人間は大成しない

野村再生工場では、「かつては主力選手として活躍していたが、その後低迷をして移籍をしてきた選手」の再生にも取り組んできた。

こうした選手の特徴は、もともと素質に恵まれていたために、若いときには天性だけで野球をやっていた選手が多いということだ。しかし、やがて体力的な衰えとともに、天性だけでは第一線で活躍を続けるのは難しくなる。

小早川毅彦もそうだった。小早川が1984年に広島カープに入団してきたときの印象はあざやかなものだった。当時私は評論家として野球を見ていたのだが、西本幸雄《にしもとゆきお》さんとその年の新人についての話になったときに、真っ先に名前があがったのが小早川だった。

「あれはいいで。将来は4番を打てるなぁ」

西本さんは断言した。阪急ブレーブスや近鉄バファローズを率いた闘将として知られる西本さんは、左打者を育てるのが上手なことでも定評があった。その西本さんが太鼓判を押すほどの選手だったのである。

ところが小早川はカープで4番に据わることはあったものの、30本以上のホームランを打ったことは一度もなく、その潜在能力を十分に発揮できたとは言い難い。理由は簡単である。天性に頼りすぎ、考えること、感じることをおろそかにしてしまったのが、彼の選手としての大成を阻んだのだ。やがて小早川は、若手の台頭とともにベンチを温める場面が多くなった。そしてついに1996年のオフに自由契約になり、私が監督を務めるヤクルトスワローズに移ってきたのである。

私は「気づかせ屋」として、小早川に気づきを与える必要があると思った。そこでバッティング練習中の小早川に近づき、こう訊ねた。

「おまえは自分が器用だと思うか？」

いきなりの質問に小早川はきょとんとした顔をしている。

「おまえはきた球を打つときに、ストレートのタイミングで待って変化球にも対応しようとしているだろう。でもそれは器用なヤツの打ち方だ。でも俺が見るに、おまえはそんな器用なバッターではないと思うのだがな」

私の言葉に小早川はうなずいた。そうなのである。彼は私と同じ不器用なタイプのバッターだった。そしてかつての私がぶち当たった壁と同じ壁に直面しながら、結局その壁を打ち破れないまま選手生命の終盤を迎えようとしていたのである。だから私がアドバイスするべきことははっきりしていた。

「おまえは不器用な選手なんだから不器用に徹してみたらどうだ？　データを参考にして配球を読み、狙い球を絞るんだ」

その年の開幕戦、小早川が読売ジャイアンツの絶対的エースであった斎藤雅樹《さいとうまさき》から3打席連続ホームランを打ち、勝利の立役者となったことは今でも野球ファンの間で語り草となっている。小早川の活躍で開幕戦を勝利したスワローズはそのまま勢いに乗り、リーグ優勝と日本一を果たすことになった。

山﨑武司も、小早川と同じように天性だけで野球をしていたタイプだった。山﨑もまたホームランバッターとして天性の才能を授かりながらも、その素質を十分に活かしきれずにいた。私と出会ったときにはすでに40歳直前。技術的な上積みはさほど望めず、体力的にもこれから1年1年が勝負になる年齢だった。

ではどうするか。山﨑の技術や体力が限界に達しているのなら、頭を使わせるしかない。技術や体力に限界はあっても、思考力には限界がないからだ。

だから私は山﨑には技術的なアドバイスはいっさいしなかった。言ったことはただひとつ。「おまえ、もっと頭を使わんかい」だった。

山﨑はホームランという「特技」を持っている。だから相手バッテリーはホームランを避けるために外角中心の配球をしてくる。しかし外角一辺倒だと狙われるから、ときどきインコースを投げてくる。しかしこれは見せ球にすぎず、ストライクはまず投げてこない。勝負球になるのは、やはり外角低めだ。それならどのカウントで外角低めを投げてくるかを「読む」ことができたら、こちらも対応が可能になる。

また山﨑に対する攻め方は、里崎智也《さとざきともや》（ロッテマリーンズ）、細川亨《ほそかわとおる》（当時、西武ライオンズ）、高橋信二《たかはししんじ》（当時、日本ハムファイターズ）といったキャッチャーの性格によってもそれぞれ変わってくる。「このキャッチャーならこの場面でどんなサインを出すか」を考えれば、自ずと球種やコースも絞れてくるものだ。

そんなふうに山﨑には「頭を使う」ことを求めたのだ。山﨑にとってはこの頭を使う野球が新鮮だったようである。彼の野球に対する姿勢は大きく変わり、2007年には39歳にしてホームラン王と打点王の二冠を獲得した。そして2009年には楽天イーグルスの4番として、チームをクライマックスシリーズ出場に導いた。2004年、当時のオリックス・ブルーウェーブから戦力外通告を受けた男が、見事に再生を果たしたのである。

6. 進歩とは変わることである、変わらなければ人は成長しない

「変わる勇気」を持てた人間だけが成長できる

山﨑は最初、私が楽天イーグルスの監督に就任したときに、「俺は野村さんとは絶対に合わないな」と感じていたようである。確かに私と会うまでの野球に対する山﨑のスタンスは、私とは対照的だった。水と油と言ってもいいだろう。

ではそんな山﨑が、「おまえ、もっと頭を使わんかい」という私の言葉をなぜ素直に受け入れたのだろうか。おそらく技術的にも体力的にも落ち目になっていることを、山﨑自身が自覚していたからだと思う。

これがもし山﨑が中日ドラゴンズでバリバリ活躍していた若いころに「おまえ、もっと頭を使わんかい」と私が言ったとしても、きっと反発しかしなかったはずだ。「なんじゃ？このおっさん」と思われたかもしれない。

人は、物事がうまく進んでいるときには聞く耳を持たないものである。そんなときには何を言っても効き目はない。「素質だけで野球をしていたら、いずれ頭打ちになるぞ」ということがわかっていても、黙って見ているしかないのだ。

しかし人は一度挫折をして暗闇のなかに放り込まれると、必死で光を求めようとする。こちらの言葉に聞く耳を持ってくれるのはこのタイミングだ。だから選手を伸ばすうえでいちばん大切なのは、タイミングをしっかりと見ながら言葉掛けをすることである。

実は私は、他球団を放り出されて移籍してきた選手を再生させるのは、さほど難しいことではないと思っている。

彼らは現状のままでは自分には先がないことをよくわかっている。再生のためのヒントを必死に求めている。だから山内新一は「速球への執着は捨てろ」という私の言葉に素直に従ったし、山﨑武司は「もっと頭を使わんかい」という私の言葉を反発をせずに受け入れてくれたのだ。崖っぷちに立たされている彼らにとっては、もはや失うものは何もない。今までの自分から変わることは何ら怖いことではない。だから変わることができ、再生できるのである。

一方、中途半端な安定を手に入れている選手ほど、変わることを怖がるものである。

たとえば毎年2割5分前後の打率を上げているバッターがいたとする。しかし2割5分程度では一流のバッターとは言えない。よほど守備がうまくなければレギュラーの座も確約されないだろう。バッターは3割を打てるようになってこそ、初めて一流と言える。そのためには今の自分から変わるしかない。

ところが私がこうした選手に、「変わらなければ現状維持のままだろう。思い切って変われ」とアドバイスをしても、躊躇してしまう選手のほうが多いのだ。変わることによって一流選手の仲間入りをする可能性よりも、変わったために失敗をして、現状よりも状況が悪くなるリスクのほうに意識が向くようなのである。つまり変わる「勇気」が持てないのだ。

しかし変わらなければ人は成長しない。進歩とは変わることである。変わることができない選手は、やがて変わる勇気を持ったほかの選手に追い抜かされてしまうことになるだろう。自分は「現状維持でもいい」と思っているのかもしれないが、みんなが成長を目指して戦っている競争社会において、現状維持であることは後退を意味するからだ。

逆に前の球団で「戦力外」の烙印を押されて移籍してきた選手は、変わるための「勇気」を持つ必要さえなく、大胆に変わることができる。変わらない限り、自分には未来がないことがよくわかっているからだ。これはどん底を味わったことのある人間、苦労をしてきた人間ならではの強みである。

だから一度落ちた選手を再生させるのは、そんなに難しいことではないのである。彼らの危機感と悔しさを利用しながら、ほんのちょっと「気づき」になる言葉を与えてあげればいいだけなのだ。

変わることで自分を再生した経験

そう私が断言できるのは、私自身もプロ野球人生をどん底からスタートさせているからだ。何しろ私の場合はテスト生で南海ホークスに入団したものの、1年目のシーズンオフにいきなり解雇通告を受けてしまった。そのときは球団職員に必死に頼み込んだことによって何とか契約を延長してもらうことができたが、2年目も1年目と同じことをしていたら、その次の年のシーズンオフには再びクビを宣告されることは目に見えていた。野球選手として生き残るためには、今の自分から変わるしかなかった。そうした経験があるから、私には今どん底にいる選手の気持ちが手に取るようにわかるのである。

私が考えたのは、人と同じことをやっていても勝ち目はないということだった。昼間の練習時間ではみんな同じ量の練習をする。また練習後も合宿所で素振りをする選手はたくさんいる。彼らと同じ量や内容の練習をしていたら、不器用な私が彼らに追いつくことは永遠にないだろう。そこで私は、みんなが遊んでいる時間や休んでいる時間の過ごし方がカギになると考えたのである。

私が取り組んだのは、当時は御法度とされていた筋力トレーニングである。しかし私の課題であった肩を強くするためには、そんなタブーにとらわれているわけにはいかなかった。変わるためには失敗を恐れずに何でも挑戦してみる必要があったのである。

まずやったのが懸垂や腕立て伏せ、鉄アレイを使って腕や腹筋を鍛えるといったことだ。またバットについても、たとえばバットを握って手首を使い上下させることを何度も繰り返すといったように筋力トレーニングの道具として使った。そのほかにもしょう油の一升瓶に砂を詰めて、瓶の首のところに滑らないようにテープを巻いたうえで、部屋のなかで振るといったことも繰り返した。当時は道具もなければ、筋力トレーニングのメニューもあまり知られていなかった時代である。だから自分であれこれと工夫していくしかなかったのだ。

1日の練習が終わるとそれだけでくたくたである。そこからひとりで練習に取り組むのはつらいものだ。「今日1日ぐらい休もうか」といったなまけ心に負けそうになったのも一度や二度ではなかった。しかし私はその都度「敵は我に在り」と自分に言い聞かせ、気力を振り絞って毎晩練習を続けたのである。

もちろんこうした練習に即効性があるわけではなかった。しかし始めてから3カ月を過ぎたぐらいだろうか。遠投の練習のとき、私はどんどん遠くへボールを投げることができるようになったのである。私の練習法は間違っていなかった。筋力トレーニングが御法度だなんて、非科学的なことだったのだ。

その思いを強くしたのは、その年の日米野球で来日したヤンキースのミッキー・マントルの太い腕を見たときである。「これは絶対筋力をつけないといけない」と私は思った。そこで私はその後も筋力トレーニングに励み続けた。

このようにして私は、私自身が変わることによって選手として再生することができた。もし現状維持で……と思っていたら、私のプロ野球生活はおそらく2年で終わったことだろう。私は自分が変わることで生き残ることができた経験から、ほかの選手に対しても、自信を持って「変われ」と言うことができるのである。

7.
教えてもらうのではなく自分で考える。そのほうが人は成長する

教えるのにはタイミングが必要

「今の若い選手はかわいそうだな」と思うことがある。

それはプロの世界に一歩足を踏み込んだその日から、ピッチングコーチやバッティングコーチが手取り足取り指導を始めてしまうということだ。「丁寧に指導をしてもらえるのなら、いいじゃないか」と思うかもしれないが、それは違う。私の経験で言えば、いきなり最初からあれこれと教えたがるコーチは、基本的にダメコーチだからである。

教えたがりのコーチは、実は選手のことを思って教えているわけではない。たいていの場合は、監督に対して「私はこんなに仕事をしていますよ」とアピールしたいか、選手から「このコーチは何にもしない人だな」と思われたくないかのどちらかである。つまり「もっと自分を評価してほしい」という自己愛からそういう行動に出ているのである。

コーチ業は選手とは違って、何割打ったとか何勝したかといった数字で評価をされにくい職業である。だから選手のことを差しおいて、ついつい目立ちやすい自己アピールをしてしまいがちなのである。

そもそもコーチが本当に選手のことを思っているのなら、いきなり教える前に、まずはその選手の強みや弱点、性格、野球に取り組む姿勢や野球への理解力、選手としての完成度などを徹底的に観察するはずである。そのためにはある程度時間が必要である。そのうえで「この選手にはどのタイミングで、どんな教え方をするのか」を考えて選手に臨むのが優れたコーチの特徴だ。

また私は、選手の側に「教えられる準備」ができていないうちから、あれこれ教えるのは無意味だとも思っている。

「馬を水辺に連れて行くことはできても、水を飲ませることはできない」という言葉がある。本人に「何とかしたい」という危機感が芽生えていない限りは、どんなにコーチが熱心に教えたとしても、その内容が血や肉になるはずがない。「このままではプロでは通用しそうにもない」という壁にぶち当たったときに、初めて選手は「教えを請いたい」と真剣に思うものである。そのときこそコーチが教えるタイミングである。

さらに私は「教えられる準備」ができていない選手にいろいろと教え込むことは、害悪にすらなると考えている。

ダメコーチは、その選手の長所や短所を十分に理解しないまま、あれこれと指導をする。そして自分の頭のなかに描いた理想のフォームに、無理矢理当てはめようとする。ひと口にプロ野球選手といっても、多様なタイプの選手がいるにもかかわらずである。

一方選手の側も、まだプロに入ったばかりのころは「正しく己を知る」ことができていないから、自分でもよく納得できないままにコーチの指導に従うことになる。これが経験豊富な選手になると、コーチのアドバイスのうち自分に合っていると思ったものだけを採用し、そうでないものは採用しないといった取捨選択ができるが、若手の場合は何でも真に受けてしまう。

こうしてコーチからフォームをいじられているうちに、せっかく持っていた長所を潰されていった新人選手や若手選手を私もこれまで嫌というほど見てきた。

なかには2軍時代のイチローのように、バッティングフォームを変えるように命令をされたのに、頑固に自分のやり方を貫く選手もいるが、そういう選手はごく稀《まれ》である。

私は教えすぎるコーチは百害あって一利なしだと思う。

一方メジャーリーグには「教えないコーチが名コーチ」という言葉があるそうだ。

私はメジャーで野球をやったことはないのでこれは推測だが、メジャーの場合はやはり選手の自主性を重んじているということだと思う。選手は「自分はどんな長所や弱点を持った選手か」「どういうプレーヤーになればメジャーで通用するか」「そのためにはどんな努力が必要か」といったことを自分で考えて練習に取り組む。つまり否が応でも考える力が鍛えられるわけだ。

コーチの役割は、選手からアドバイスを求められたときにそれに答えることだ。普段は自分からは細かいアドバイスをしたりはしないが、その代わり聞かれたときには、30分でも1時間でも選手の質問に的確に答えられることが必要だ。

自分で考える力を持った選手と、選手の質問に的確に答えられるコーチ。本来はこれがプロとしての理想的な選手とコーチの関係であると私は思う。

恵まれすぎることは、恵まれないことよりも劣る

では私がプロ野球選手になった1950年代の野球界はどうだったかというと、そもそ

も当時は今のようにチームのなかに何人もコーチがいるような時代ではなかった。せいぜいベースコーチや、ノックをするためのコーチが必要とされていたぐらいである。だから基本的には、選手は監督から直接指導を受けていた。

ただし私は当時南海ホークスの監督だった鶴岡一人さんから、技術面について指導らしい指導を受けた記憶はまったくない。鶴岡さんは私が33歳のときまで監督を務めていた。だから15年間私のボスだったわけだが、ただの一度も鶴岡さんから技術的なアドバイスを受けたことがないのである。当時はプロ野球界全体が精神野球全盛の時代だったが、そんななかでも鶴岡さんは「気合いだ」「根性だ」という典型的な精神野球の人だった。

まだ私が1軍の試合に出始めたばかりのころだ。マスクをかぶったときに、敵チームの主力打者に打たれてベンチに帰って行く。

「何を投げさせたんや?」と鶴岡さんから訊かれる。「真っ直ぐです」と答えると、「バカたれ!」という言葉が鶴岡さんから返ってきた。しかしそれ以上の説明はない。

そこで私は「なるほど。強打者を相手にするときには、直球は見せ球にして変化球主体で勝負しなくてはいけないんだな」と思い、今度はカーブやシュートを中心にピッチングを組み立ててみる。しかしそれでも打たれてベンチに帰ってくると、やはり鶴岡さんから叱責が飛んだ。「何を投げさせたんや？」「カーブです」「バカたれ！」。

直球のサインを出しても「バカたれ！」、変化球のサインを出しても「バカたれ！」。いったい私はキャッチャーとしてどんなリードをすればいいのだろうか。

鶴岡さんは気軽に話しかけられるような雰囲気の人ではなく、若造の私にとって雲の上の存在だった。しかし私は、勇気を振り絞って質問をしてみることにした。

「ピンチで強打者を迎えたときには、どんな配球を心がければいいのでしょうか」

しかし鶴岡さんの返事はたったひと言、「そんなこと、自分で勉強せい！」だった。一事が万事そんな感じだったのである。

「教えすぎる指導者」と「まったく教えない指導者」。どちらもどちらで問題である。やはり理想は、メジャー流のコーチ術だと思う。

ただし私は教えすぎる指導者とまったく教えない指導者とでは、「どちらがましか？」と聞かれたら、「まったく教えない指導者」であると答える。なぜなら教えすぎる指導者は、長く現役でプレーをするうえで不可欠となる思考力や感性を培う機会を選手から奪ってしまうからだ。選手が自分で考えたり感じる前に、先回りして教えて込んでしまうのだから……。過保護な親が子どもをダメにするのと同じである。

確かに練習設備が整い、懇切丁寧に教えてくれるコーチがいる今の時代のほうが環境的には恵まれているが、「恵まれすぎることは、恵まれないことよりも劣る」のである。

自分の「型」を身につけるには模倣から始めよ

私の場合は、誰も教えてくれなかったから自分で考えるしかなかった。教科書にしたのは先輩の選手たちである。

1955年のオールスター第1戦は、当時、南海ホークスのホームグラウンドである大阪球場でおこなわれた。私はまだ2年目で2軍の選手だったが、バッティング練習用のキャッチャーとして試合前の練習に駆り出されることになった。その日、自分の仕事が終わった私は急いで私服に着替え、ネット裏から川上哲治《かわかみてつはる》さんのバッティング練習をそれこそ穴の空くほど見つめた。当時はまだテレビもなく、セ・リーグに所属している川上さんのバッティングを直接見られるまたとない機会だったからである。

川上さんはレベルスイングの人と言われていたのに、極端なアッパースイングで素振りに取り組んでいた。私はその理由を必死で考えた。こういうときに大切なのは「なぜだろう」と自分なりに考えてみることである。答えは間違っていてもいい。とにかく考えてみることが大事なのだ。筋トレをすることでしか筋肉はつかないように、考えることによってしか思考力は身につかないからである。

考えた末に私が出した答えは、「アッパースイングで素振りをすることで、打つときに体重を左側から右側にスムーズに移動できるようにするためではないか」というものだった。これは当時2軍で、体重をうまく移動させることができずに苦労していた私にとって、大いなるヒントになった。

また当時パ・リーグの強打者には、中西太《なかにしふとし》さんや山内一弘《やまうちかずひろ》さんがいた。そのなかから最初に手本にしようとしたのは中西さんだった。2軍時代、大阪球場のネット裏で南海ホークス対西鉄ライオンズ戦を観戦していたときのことだ。中西さんが場外に豪快なホームランを放った姿が、目に焼きついて離れなかったのである。

中西さんは大柄の体で重いバット持ち、すり足打法で体ごとボールにバットをぶつけるようにして、遠くへ打球を飛ばしていた。そこで私もバットを重いものに変え、すり足打法を試してみたのだ。しかし、どうもしっくりこない。

そこで次に手本にしたのが山内さんだった。山内さんは左足をポンと上げて、懐深くボールを引きつけてから広角に打球を打ち分ける技術を持っていた。そこで山内さんの真似をしたところ、これがうまくいったのだ。

私は前に「己を知るためには、自分の周りの人間を見渡して比べてみるといい」と述べたが、私自身も周りの選手の真似をしながら、自分の「型」を見つけ出していったのである。芸道の世界には「守破離《しゅはり》」という言葉があるが、まずは模倣から入り〈守〉、そこに自分なりの「型」を加え〈破〉、最後に独自の技に磨き上げていく〈離〉ことが大切であるのは、野球もまったく同じである。

聞くは一時の恥、聞かぬは一生の恥

そうやって私は先輩選手たちのプレーを、「少しでも得られるものがあれば盗んでやろう」という気持ちでじっと観察する一方で、チャンスがあったときには積極的に質問をするようにしていた。オールスター戦などは、普段は敵同士として戦っている一流選手ばかりが同じベンチに集うわけだから、話を聞く絶好のチャンスだった。

とはいえ敵も簡単には教えてくれるはずがない。若いころ、私はカーブ打ちを苦手としていた。そこで初めてオールスターに出場したときに、「ここが勉強のしどきだ」と考えた私は、思い切って山内さんと中西さんに「カーブにはどういうふうに対応していますか」と聞いてみた。するとふたりともまったく同じ答えだった。

「ようけ練習すればいいんだよ。そのうち打てるようになるよ」

それだけで終わりである。

引退後、私はたまたま山内さんと話す機会があったので、そのときのやりとりを思い出して山内さんに訊ねてみた。

「先輩、オールスター戦のときに私が山内さんに質問したことを覚えていますか。あのとき山内さんは『そのうち打てるようになるよ』と言われましたよね」と。

山内さんは「ああ、覚えているよ」と言った。

「だっておまえはライバルだろう。俺はライバルにバッティングのコツを教えるほどお人好しではないよ。だからあのときはそっけない返事をしたけど、今だったらいくらでも教えてやるよ」

山内さんはコーチや監督時代、〝やめられない、止まらない〟のCMで知られた「かっぱえびせん」というあだ名がつくくらいに、選手にバッティング理論を教え出したら止まらなくなる人だった。つまり元来は教えるのが好きなのである。だがそんな山内さんでも現役時代には、ライバルと見なした人間には手の内を明かしてくれなかったのである。

しかし、それでも私は、チャンスがあれば懲りずに質問するようにしていた。たとえ世間話に終わったり、そっけない返事しか返ってこなかったとしても、そのなかから何かヒントになるものをつかみとろうとしていたのである。

だがひるがえって、今度は私がベテラン選手や監督になったときのことを考えてみると、私のところに技術論を聞きにくる選手はほとんどいなかった。私は自分からは教えない。しかしメジャーリーグのコーチのように、聞きにくればいくらでも答える用意はあった。だが待てども誰もこなかったのである。

日本には「聞くは一時の恥、聞かぬは一生の恥」という大変素晴らしいことわざがある。ところが実際には日本人は、どうも聞くのが苦手なようだ。「こんなことを聞いたら野村さんに笑われるんじゃないか」とか、「『おまえはそんなに浅いレベルの野球をやっているのか』と馬鹿にされるんじゃないか」といった「恥の意識」が働くのだろう。

また今の若い人の場合は、教えたがりのコーチが周りにたくさんいて、情報もあふれかえっているために、自ら真理や真実を求めて人に教えを請いに行くという姿勢が薄くなっているのかもしれない。残念なことである。

ただし、そうしたなかでも私のところに質問にくる人もいた。これは選手ではないが、福岡ソフトバンクホークスのコーチをしていた森脇《もりわき》浩司《ひろし》（現、オリックス・バファローズ監督）もそのひとりである。楽天イーグルス戦の試合前になるといつもうちのベンチにやってきて、「野村監督ならこんなときどうしますか？」と熱心に聞いてきた。彼は疑問に感じたことをノートにメモするという習慣を持っていて、私と顔を合わせることができるイーグルス戦を、ノートに溜まった疑問を直接ぶつけることができる絶好のチャンスと捉えていたようだった。

私は森脇とは直接的な接点は何もない。私がイーグルスの監督に就任するまでは、ずっと違うリーグで戦い続けていた。にもかかわらず森脇は、臆することもなければ恥ずかしがるような態度も見せずに、「監督、教えてください」と私に積極的に訊ねてきた。

森脇は選手時代には一度もレギュラーをとることができず、これといったずば抜けた成績を残すことはできなかった。だがコーチとしての手腕を認められ、今ではバファローズの監督を務めている。自らを高めるために学ぶ姿勢を持ち続けたことが、現在の彼を作りあげているということだと思う。

8. 本物に学ぶことで、本物に近づく

劣等感をバネにせよ

私はテスト生というハンディキャップを背負ってプロの世界に入ってきたが、もうひとつ大きなハンディがあった。それは京都府立峰山《みねやま》高校という、府大会ではいつも1回戦や2回戦で負けてしまうような田舎の弱小高校の出身だったことである。

峰山高校がある峰山町《みねやまちょう》（現・京丹後市）は、京都市から100キロ以上離れた日本海の丹後半島の付け根にある小さな町である。田舎の無名校だから、みんな野球はずぶの素人。今なら田舎の高校生でも野球に関する技術的な知識を入手することはいくらでも可能だろうが、当時はテレビもインターネットもなかったため情報収集もままならず、交通手段も発達していなかったから都市部の高校と練習試合を組むのも困難だった。それこそボールの握り方さえきちんと教えてくれる人がいないまま、私たちは自己流で野球をやっていた。

そのため私が正しいボールの握り方を知ったのはプロに入ってからである。先輩選手とキャッチボールをしていたときに、私がボールを真っ直ぐに投げることができず、いつもスライド回転するのを不思議に思った先輩から「おまえ、いったいどんなボールの握り方をしているんだ?」と問いただされ、私の握り方が間違っていることが発覚したのである。

ボールを真っ直ぐに投げるためには、人差し指と中指をボールの縫い目に垂直にかけなくてはいけない。ところが私の場合は、2本指をボールの縫い目に沿わせて投げていたのである。今でいうツーシームというヤツである。きちんと直球を投げることができなくて当然だった。

「ボールの握り方も知らないなんて、おまえはプロに入るまでどこで野球をやっていたんだ?」

と、先輩はすっかりあきれていた。

だから私の野球人生は、「自分は何も知らない田舎者だ」「自分よりももっと野球を知っている人間はたくさんいる」という劣等感からスタートしている。ただし私は劣等感を抱くこと自体は、決して悪いことではないと思っている。劣等感は、それをバネにすれば「自分は無知無学だから、もっと勉強しなくてはいけない。本物の野球を知らなくてはいけない」という向上心に結びつくからだ。

人は己の才能を過信した時点で思考が止まり、成長も止まるものである。しかし劣等感を抱いている人間は、自分の才能を過信するようなことは決してない。ウサギとカメのたとえで言えば、己の鈍重さを知っているのがカメの強みである。だから高みを求めて歩み続けることができるのだ。

革新のなかにこそ強さがある

私の劣等感は南海ホークスで4番を任されるようになり、パ・リーグのホームラン王争いの常連に加わるようになってからも、拭《ぬぐ》われることはなかった。当時私が劣等感を抱いていた相手は、球界の盟主・読売ジャイアンツである。

私はホークスの選手として、ジャイアンツとは1959年、1961年、1965年、1966年、1973年の計5回、日本シリーズで対戦している。そのうちジャイアンツを制して日本一に輝いたのは、1959年のわずか1回だけ。ジャイアンツの監督が川上哲治さんになった1961年以降は、まったく歯が立たなかった。

これは我がホークスだけではない。川上さんは14年間の監督生活のうち11回日本シリーズに出場しているが、そのすべての年度においてパ・リーグの優勝チームの挑戦を退けて日本一になっているのだ。今の時代では考えられない圧倒的な強さだった。

ある意味パ・リーグの選手は、「ジャイアンツと戦う」というだけで名前負けしているところがあった。当時、ジャイアンツとの日本シリーズを経験した阪急ブレーブスのある選手が、「西宮球場（現・阪急西宮スタジアム）でジャイアンツの選手が練習する姿を見ているだけで、勝てる気が全然しなくなった。あのユニフォームと選手が醸し出す雰囲気に圧倒された」と私に話してくれたことがあったが、ジャイアンツと対戦した多くのパ・リーグの選手が同じように感じたものである。

パ・リーグの選手がジャイアンツを前に気後れしてしまったのは、伝統や戦力面で他を圧倒していたこともあるが、その先進的、革新的な野球にコンプレックスを抱いてしまったというのが大きいと思う。ホークスが鶴岡監督のもと、「気合いだ」「根性だ」という精神主義で野球をやっていたのに対し、川上巨人軍は我々より5年も10年も進んだ野球をやっていたからだ。

実は川上さんが１９６１年に監督になったときのジャイアンツは、必ずしも豊富な戦力を有していたわけではなかった。

その前年の成績を見ると、3割バッターは長嶋茂雄《ながしましげお》ひとりだけ。投手陣も二桁勝利を上げたのは、堀本律雄《ほりもとりつお》と伊藤芳明《いとうよしあき》だけである。チーム打率は2割2分9厘でリーグ最下位、チーム防御率も3・08でリーグ5位だった。そしてそのまま大きな補強もせずに1961年のペナントレースを迎えることになったのである。優勝どころか、Aクラスを確保することさえ危ぶまれる戦力だったと言っていい。

だがそうしたなかで川上さんはチームをリーグ優勝に導き、日本シリーズでもホークスを下して日本一を勝ちとった。

川上さんがジャイアンツに取り入れたのは、「ドジャース戦法」と呼ばれていたドジャースの戦い方だった。ドジャース戦法とは、今でいう「スモール・ベースボール」の考え方に近い。チームのなかに絶対的なエースや長距離砲がいなくても、相手のピッチャーや守備陣に揺さぶりをかけながら点をとり、隙のない野球で守り勝つというものだ。

ドジャースはこの戦い方で、他チームに劣る戦力でありながらもナショナルリーグで常に上位をキープし、1959年にはワールドシリーズ制覇を果たしていたのである。

そこで川上さんは1961年の春、ドジャースがキャンプを張っていたフロリダ州ベロビーチで合同キャンプをおこなうことを決定した。そしてドジャースから、サインプレーを始めとした緻密な野球を徹底的に吸収したのである。

川上さんがすごいのは、その後も毎年のように新しい戦術やスタイルをチームのなかにつけ加えていったことだ。たとえば柴田勲《しばたいさお》の才能をいち早く見抜き、日本で初めてスイッチヒッターとして育てた。

また宮田征典《みやたゆきのり》をリリーフの切り札として起用したのも川上さんである。そのころのプロ野球界には「ピッチャーの分業制」という概念がまだ存在しておらず、勝ち試合になれば、前日先発したエースが抑え投手として登板するといったことはごく当たり前のことだった。2013年の日本シリーズでは、第6戦で先発完投した田中将大が第7戦でもクローザーとして連投をしたことが大きな話題となったが、そうしたことは当時は珍しいことでも何でもなかった。そんな時代に川上さんは抑えの専門家を置くことにしたのである。

そのほかにもさまざまなトリックプレーやサインプレーを川上巨人軍は生み出していった。今では当たり前のものとなっている近代野球のスタイルやシステムの多くは、ジャイアンツが先駆者として日本の野球界に根づかせていったものなのである。

そうした革新的な野球をするジャイアンツに対して、私が所属していたホークスは相変わらずの精神野球を続けていた。これでは私がジャイアンツに対して劣等感を抱くのは当然である。

強さの真髄は人間学

だからこそ私は、「読売ジャイアンツがどんな練習をしているのか」、「川上さんがどういう監督であるか」ということに強烈な関心を持った。自分よりも二歩も三歩も先を歩いている人たちから「とにかく学びとりたい。本物の野球を知ることで、自分も一歩本物に近づきたい」という思いでいっぱいだったのである。その思いは、私が35歳のときにプレーイング・マネージャーになってからより強くなった。これからの時代、どんな野球を目指すかというときにモデルになったのが川上野球だったのだ。

当時私はジャイアンツの森祇晶《もりまさあき》と交流があった。森とは年齢が近く（私の1学年下）、同じキャッチャーということもあって、一度会うと野球論、捕手論をめぐって夜を徹してでも話し合うような間柄だった。そのため私は事あるごとに「こんなとき川上さんならどうするか」、「ミーティングではどんな話をするか」といったことを森から聞き出した。それこそ「聞くは一時の恥、聞かぬは一生の恥」である。

森によると、川上さんはミーティングでは野球の話をほとんどしないということだった。川上さんがいつも話していたのは、「人間とはどういうものか」「野球選手としてどうあるべきか」といった人間学、社会学だったと言う。人間学などと言うと「何だ、やっぱり精神野球ではないか」と感じられるかもしれないが、鶴岡さんの精神野球とは似て非なるものだったのではないかと私は思う。

川上監督以前の野球は、言ってみればピッチャーとバッターが個性と個性をぶつけ合い、勝ったり負けたりを繰り返すといったものだった。確かにピッチャーとバッターの間では虚々実々《きょきょじつじつ》の駆け引きはあったが、チームとして総合力で野球をしていくという発想は乏しかった。そこに川上さんは、1番から9番までの選手がそれぞれの役割を自覚し、チームとして立てた戦略・戦術に沿ってプレーをするというスタイルを導入したのである。

そのためには一人ひとりの選手が、「自分ひとりが打てばいい」「自分が投げて抑えればいい」という利己主義から脱し、フォア・ザ・チームの精神を持って戦うことが不可欠となる。そこで必要となったのが、「自分は何のために社会に存在しているのか」「自分は誰のおかげで生かせてもらっているのか」といった人間学だった。川上さんは革新的で高度な野球を実践するために、選手の人間力の涵養《かんよう》を重視したということだと思う。

私もまた1990年にヤクルトスワローズの監督に就任したときには、春のキャンプで「野村時間」と呼ばれるミーティングの時間を設け、人間学、社会学を選手に話すことから始めた。これは完全に川上さんのスタイルを取り入れたものである。ホークスでプレーイング・マネージャーをしていたときにはまだ自分も若く、とてもじゃないが人間学などを語ることはできなかった。しかし引退後の9年間の評論家生活を経て、「ようやく自分も未熟なりに語ることができるようになったのではないか」と判断したのだ。

当時新人だった古田敦也《ふるたあつや》は、私がまったく野球の話をしないので、「この監督は何を考えているんだ。相当変わった人だな」と面食らったようだ。しかし古田も含めて、選手たちはみんな必死になって私の話についてきてくれた。

私がスワローズで実践しようとしていた野球は、実は川上さんの野球をお手本としたものだったのである。私は、川上巨人軍の野球に対して猛烈な劣等感を感じていたからこそ、「川上さんのような監督になりたい。一歩でも近づきたい」という思いで野球に取り組むことができたのだ。

9. 人は本物と出会うことで本物を知る

パワーとスピードの裏にある緻密さこそ本物

私は本物の野球を知るために、常に高い関心を持って巨人の野球を観察し、森からも情報収集をすることを怠らなかったが、もうひとつ意識していたのが、メジャーリーグの野球である。

私の現役時代には日米野球が2〜3年おきに開催されており、私自身何度も出場した経験がある。そのころはドジャースやカージナルス、ジャイアンツといった単独チームが来日して、日本の選抜チームと戦うのが一般的だった。

正直言って当時は、勝てる気などまったくしなかった。圧倒的な実力差を感じていたからだ。だからこそ私は、日米野球を通じて吸収できるものはすべて吸収しようとしたし、実際に多くのことを学びとった。

ただし日米野球はメジャーの選手たちにとっては、所詮は親善試合である。私は自分が直接アメリカに渡り、彼らが全力を尽くしてプレーをする生のメジャーリーグの試合が観たいと思った。当時はテレビでメジャー中継がおこなわれるようなことは皆無であり、メジャーの野球を知りたければ現地に足を運ぶしかなかった。ただし現役を引退してから、レジャーがてらに観に行くというのでは何の意味もない。現役でプレーをしている間に、本場の野球を自分の目で見て感じて血や肉にしたいと思ったのだ。

そのチャンスが巡ったきたのは1964年のことである。この年、日本では10月10日に開幕する東京オリンピックに合わせて、プロ野球の公式戦の日程が前倒しに設定されていた。ということは例年よりも早くペナントレースが終了するため、アメリカのワールドシリーズを観戦することが可能になるということだ。

南海ホークスはこの年リーグ優勝を果たし、阪神タイガースと日本シリーズを戦うことになった。私は日本シリーズが4戦で終わったらその翌日から渡米を、5戦で終わったらその翌日から、6戦で終わったら、7戦で終わったらというように、いつでも行けるように切符を手配した。結局日本シリーズは7戦までもつれこむことになり、南海ホークスの勝利で幕を閉じた。

その翌日、私は予定どおりに渡米した。すでにワールドシリーズは開幕しており途中からの観戦になったが、それでも願っていた夢が実現したことに私は興奮した。

この年の対戦カードは、ニューヨーク・ヤンキース対セントルイス・カージナルスだった。印象深かったのは第7戦の終盤のことである。1点を争う展開になったときに、カージナルスは4番のケン・ボイヤーに送りバントをさせたのである。ボイヤーと言えば、この年ナショナルリーグでシーズンMVPを獲得したメジャーを代表する4番打者である。そんな中軸打者にさえ、ここぞという場面では細かい采配を振るうことに、私は驚きを覚えたのである。

メジャーリーガーと言うと、パワーとスピードを前面に押し出した野球をするというイメージがある。しかし私の印象に残ったのは、むしろ非常に緻密で高度な野球をするということだった。私は「日本の野球はメジャーリーグに、スピードとパワーでも負け、緻密さでも負けるのだから、このままでは勝てるわけがない」と感じた。

そして「より自分を進歩させるために、もっとメジャーの野球を知りたい」という思いを強くすることになった。

総合的にものを見るという視点

生まれて初めてのワールドシリーズ観戦から数年後、私は元メジャーリーガーとの願ってもない出会いを経験することになる。１９６７年、通称ブレイザーことドン・ブラッシンゲームが南海ホークスに入団してきたのである。

ブレイザーは、日本人選手のなかに入っても目立たないほど小柄な選手である。にもかかわらずメジャーリーグで10年以上活躍し、オールスターやワールドシリーズにも出場した名選手だった。その理由は、パワーに頼らない緻密な野球を熟知していたことだ。

日本の野球が遅れていることを自覚しており、メジャーの野球に強い興味を抱いていた私は、彼を食事に誘って何度も話を聞いた。森から川上巨人軍の話を聞き出そうとしたように、ブレイザーからはメジャーの話を聞き出そうとしたのである。

私は彼と最初に食事をしたときに言われたことを今でも忘れない。ブレイザーは私に次のように訊ねてきた。

「ノムラがバッターボックスに入っているときに、ヒットエンドランのサインが出たとするよね。そのとき君はバッターとして何を考える？」

「ランナーが走るから、見逃しも空振りもできない。でもフライでは次の塁にランナーを進めることができないから、ゴロを打つことかな」

と、私は答えた。

するとブレイザーは私の顔をのぞき込んで、「本当にそれだけか？」と聞いてきた。ほかに何があるのだろうか。まったく考えつかなかった。私が返事に窮していると、「君はいちばん大事なことを忘れている」とブレイザーは言った。

「一塁ランナーが走れば、二塁ベースにはセカンドかショートがカバーに入る。いちばん大切なのは、どちらがカバーに入るかを読むことだ。なぜならたとえばショートがカバーに入れば三遊間が空く。その隙を突いて三遊間にゴロを打てば、ヒットになる確率が高まるじゃないか」と。

ではどうすればどちらがカバーに入るかを読めるのか。

「セカンドとショートは、キャッチャーのサインを見てどちらがカバーに入るかを決めるものだ。右バッターに対してインコースのサインが出たら三遊間に打球が飛ぶ可能性が高いからセカンドがカバーに入る。アウトコースならその逆だ。だからヒットエンドランのサインが出たときに備えて、内角球をライト方向へ、外角球をレフト方向へ打つ練習をしておかなければならない」

目から鱗が落ちる思いだった。今では高校生でも知っている常識なのかもしれないが、当時の日本のプロ野球ではこんなことすら意識しないまま野球に取り組んでいたのだ。

そのほかにもブレイザーからはさまざまなことを教わった。ダブルプレーを避けるスライディングの方法、中継プレーにおけるカットマンの役割、キャッチャーのサインと連動した守備陣形の作り方……。

私もキャッチャーとしてピッチャーの能力を引き出したり、バッターの心理を読みながら状況に応じた配球を組み立てる力については相当鍛えてきたつもりだった。だが総合的に野球を見るという視点は、ブレイザーにはるかに及ばなかった。

私の野球観は、ブレイザーと出会ったことによって急速に深まった。人は本物と出会うことによって、本物を知るのである。

人生は会うべき人に会えているかが重要

そのため私は1970年にプレーイング・マネージャーに就任したときにも、迷うことなくブレイザーにヘッドコーチになってもらうように要請した。

私がプレーイング・マネージャーになるということは、「キャッチャー」で「4番」で「監督」という一人三役をこなさなくてはいけないことを意味する。

これはどだい無理な話である。4番バッターの仕事は、チャンスでランナーをホームに返すことだ。そのためには自分のバッティングに集中しなくてはいけない。しかし一方で監督としては、チーム全体としての攻め方を考えることが求められる。つまり4番バッターとしての思考と、監督としての思考を激しく行ききしながら、野球をする必要があるわけだ。これは精神的にも肉体的にも大変なことである。

一方守備のときは、もともとキャッチャーは「守備における監督の分身」のようなものだから、攻撃のときほどの弊害はない。ただしときどき失敗したのが、ピッチャーの球速が明らかに落ちピンチを迎えている場面でも、「俺のリードで何とか乗り切ってやろう」という意識が働き、交代時期が遅れてしまうことだった。これが監督としてベンチに座っていれば「このピッチャーはもう限界だな」と客観的に判断できる。

だからこそ私は、ブレイザーをヘッドコーチに据えたのだった。ブレイザーであれば目指す野球も一致しているし、そして私以上に野球を知っている。そこで私は自分がプレーヤーに集中したいときには「ここは任せた」とブレイザーに指揮を託し、余裕があるときには「ここは俺がやる」と私が引き受けるようにしていた。私がプレーイング・マネージャーを何とか務めあげることができたのは、ブレイザーがいてくれたおかげである。

またブレイザーの存在は、私が監督として成長していくうえでも非常に大きな役割を果たしてくれたと思う。ブレイザーは試合中、ベンチのなかでは常に私の横にいて、さまざまなアドバイスを私にしてくれた。そのアドバイスを知識や知恵として吸収し、自分のものとしたことが、その後の私の監督人生に大いに役に立っていると感じている。私は人生のちょうど良いタイミングで、会うべき人に会うことができた。

これは余談になるが、今年、谷繁元信が中日ドラゴンズのプレーイング・マネージャーに就任した。私が気がかりなのはヘッドコーチがピッチャー出身の森繁和《もりしげかず》であるということだ。誤解してほしくないのだが、森個人に問題があるということではない。私はピッチャー出身の人間は、監督やヘッドコーチには向いていないと思っているのだ。

ピッチャーは現役時代、「今、目の前にいるバッターをどう打ちとっていくか」という世界で生きてきた。だからどうしても視野が狭くなる。ブレイザーが持っていたような「総合的に野球を見て戦い方を組み立てる視点」を育む機会がないのである。

そもそも今の時代は、私が現役だったころと比べて野球が格段に緻密になっている。監督として考えなくてはいけないことが山ほどある。

だから実はもう私は、プレーイング・マネージャー自体が時代遅れの産物になっていると思うのだ（そもそも私の現役時代ですら無理があった）。それでもプレーイング・マネージャーをやるのならば、せめてヘッドコーチは野手出身（できれば捕手か内野手出身）にするべきである。谷繁に必要なのは、ブレイザーのような存在なのである。

中日ドラゴンズのゼネラルマネージャーに就任した落合博満《おちあいひろみつ》は、GMという立場から谷繁をフォローするつもりなのだろうが、GMは試合中はベンチのなかにはいない。スタンドで采配を見ながらあれこれアドバイスしたとしても、本当の意味で谷繁の支えにはならない。プレーイング・マネージャーには、試合中も常に自分の横にいて逐次《ちくじ》フォローをしてくれるヘッドコーチが必要なのだ。

もちろんプレーイング・マネージャーを経験することは、谷繁の野球人生にとって貴重な機会となるだろう。しかしどうせ苦労をするのなら、身になることがたくさんあり、学ぶことが多い苦労をしてほしいと思うのである。

10.

環境が人を成長させる。だから自分が成長できる環境を選ぶ

キャッチャーだけがフィールドに正対している

私は先ほど「ピッチャー出身の人間は、監督やヘッドコーチには向いていない」と述べた。ではいちばん監督に向いているのはどのポジション出身かと言うと、手前味噌ながら守備における監督の分身たるキャッチャーだと思う。その次が現役時代に緻密なサインプレーを要求されてきた内野手出身の人間。これに対して、ピッチャー出身と外野手出身は、監督には向いていないと考えている。

ちなみに読売ジャイアンツのV9が終わった翌年の1974年から2013年までの過去40年間で、日本一になった監督（日本人のみ）の出身ポジションを延べ数でカウントしてみると、もっとも多いのは内野手の16回、次がキャッチャーの13回となっている。そしてピッチャーは6回、いちばん少ないのは外野手の2回である（2010年に千葉ロッテ

マリーンズで日本一の監督になった西村徳文《にしむらのりふみ》は、現役時代内外野ともに守っていたためカウントから外した)。

もちろん日本一の回数=名監督とは必ずしも言えないだろうが、一定の参考にはできるはずだ。日本一になった延べ回数がいちばん多いのは内野手で、キャッチャーはその次だが、そもそもキャッチャー出身の選手の数自体が少ないことを考えると、「監督にいちばん向いているのはキャッチャー出身の人間」という私の主張は、それなりに的を射ているのではないだろうか。

ではなぜキャッチャーは、守備における監督の分身なのか。それは元々野球というゲームが、守備のときにはキャッチャーの指示に基づいて動くようにできているからだ。

守りについている9人の選手のなかで、キャッチャーだけがフィールドに正対している。そのため状況ごとに守備陣形についての指示を野手におこなったり、ピンチの場面では次のバッターと勝負をするかそれとも歩かせるか、併殺を狙うかホーム封殺を狙うかなどの判断をしたり、バッターやランナーの動きを見ながら相手の作戦を見破るといったことが、すべてキャッチャーに委ねられている。

言わばキャッチャーは現役時代から、守備のときには監督代行として仕事をしているわけだ。だからいざ監督に就任したときにも、スムーズにその役割を全うすることができるのである。

私はこのほかにも「キャッチャーと監督は似ている」と思っていることがある。それは人の力を使って自分の理想を実現しなくてはいけないという点だ。

試合中、監督はベンチで采配を振ることはできるが、実際にグラウンドで野球をしているのは選手である。采配が思いどおりにいくかどうかは選手次第であり、現実には意図どおりに選手が動いてくれないことのほうが多い。だからそこにボヤキも生まれる。

キャッチャーも同じである。私は現役時代、試合前に相手打線を頭に思い浮かべ、配球を考えてから試合に臨むようにしていた。「このバッターには、まず1球目はこの球から入って、2球目はここに外して、勝負球はこの球種で」といったように、事前に「予測野球」をしていたのである。

しかし当然のごとくピッチャーは私の思うとおりには投げてくれない。外角低めを要求したのに、真ん中に甘く入って打たれるといったことは頻繁に起こり得る。また私が「このバッターを打ちとるためには、これ以外にない」と必死に考えた末に出したサインに対して、たいした考えもなく平気で首を振るピッチャーも少なくない。「俺のサインに首を振るなんてどういうことや？」と思うけれども、それはそれで仕方がないことだ。

そうしたままならないことが多いなかで、キャッチャーはピッチャーやほかの選手をうまくリードしながら守り抜かなくてはいけないのだ。だからキャッチャーには、監督を務めるうえでも重要な資質である「粘り強さ」や「人をうまく動かす術」が必然的に身についてくるのである。

これとは対照的なのがピッチャーである。ピッチャーは好投をしたときには勝利投手として賞賛を浴び、ノックアウトをされれば敗戦投手として非難を浴びる。つまり「勝つも負けるもすべてが自分次第」という考え方になりやすいのである。そのためピッチャーはお山の大将が多いし、逆に言えば「自分が投げて抑えてやるんだ」という強い精神力の持ち主でないとやっていけないポジションでもある。

お山の大将であることは、ピッチャーとしては大切な資質である。しかしチームをまとめあげることが求められる監督には不向きである。

では外野手はどうかというと、内野手とは違って、選手間での緻密な連係プレーやサインプレーがほとんど必要とされないポジションである。守備で求められるのは、足の速さや肩の強さといったことだ。そのため外野手の場合は、野球を深く細かく考える習慣がなかなか身につかないのである。外野手出身の監督から名監督が出てこないのはそのためだ。私が監督に向いているのはキャッチャー出身者か内野手出身者、ピッチャー出身者や外野手出身者は監督向きではないと考えているのは、こうした理由によるものである。

ちなみに私が「外野手出身監督に名監督なし」の話を方々でしていたときに、外野手出身の山本浩二《やまもとこうじ》にばったり出くわしたことがあった。山本は広島カープの監督時代にリーグ優勝を1回だけしたことはあったが、日本シリーズで敗れている。また2013年に開催されたWBC（ワールド・ベースボール・クラシック）でも監督を務めたが、準決勝で敗退している。

山本は私を見るやいなや「ひどいよ、ノムさん。外野手出身者は名監督になれないなんて」と話しかけてきた。

私は「おお、ごめんね。本当のことを言っちゃって……」と謝った。

私はバッターとしての山本浩二は、非常に高く評価している。彼は30歳を過ぎてから長打力を伸ばし、ホームラン王を何度も獲得した。これは彼が努力の人であり、天性の素質だけで野球をやってきたわけではないことを意味している。しかし外野手であったことが、監督としての資質を育むことを阻んでしまったのである。

理想主義が〝ボヤキ〟を生んだ

なぜ私がこの章の冒頭で「名監督と現役時代のポジションの関係」についての話題から始めたかと言うと、「環境が人を育てる」ということについて話したいからである。

ピッチャーを任された人間は、長年マウンドで投げ続けているうちにいかにもピッチャーらしい性格になっていく。またキャッチャーを任された人間は、長年マスクをかぶり続けるうちにいかにもキャッチャーらしい性格になる。一般社会でも、職人は職人らしい顔つきや言動や思考に、銀行マンは銀行マンらしい顔つきや言動や思考になっていくのと同じである。

これは面白いことであると同時に、非常に怖いことでもある。なぜならどんな環境に己の身を投じるかによって、その後の可能性も絞られたものになっていくからだ。

前述したように私は、入団2年目にファーストへのコンバートを命じられたことがあった。私は必死になって肩を鍛えたことで再びキャッチャーに戻ることができたが、もしあのままファーストに転向していれば、その野球人生はまったく違ったものになっていたはずだ。今のような深い野球観を養うことはできなかっただろうし、もしかしたら人間的な性格まで変わっていたかもしれない。「ボヤキのノムさん」なんて言われることもなかっただろう。

私がよくボヤくのは、キャッチャー出身であることに由来している。キャッチャーは理想主義者である。私はいつも試合前には完全試合を成し遂げるつもりで、各バッターへの配球を1球単位で考えたうえで試合に臨んでいた。そしてフォアボールでランナーが出ればノーヒット・ノーランに、ヒットを打たれれば完封に目標を切り替えた。しかし現役時代には、ついに完全試合もノーヒット・ノーランも一度も経験することができなかった。

つまり理想と現実との間にはつねにギャップがある。理想と現実はまず重ならない。たとえピッチャーが120球で完封勝利をあげたとしても、すべてのボールが自分の要求どおりにくるわけではない。だからその理想と現実の落差を感じたときにボヤキが出るのだ。キャッチャーを長く続けていると、そういう人種になっていくのである。

ガラスの心を気づかう役割

ピッチャーとキャッチャーの性格の違いについての話をもう少し続けると、私は南海ホークスでプレーイング・マネージャーを務めていたときに、ポジション別の選手のスリッパの脱ぎ方を観察したことがあった。

キャンプの宿舎で全員集合のミーティングをしたときのことである。ミーティングをおこなった部屋は和室だったため、選手はスリッパを脱いでから部屋に入ってくる。そこで私は、どの選手がどんなふうにスリッパを脱ぐかを観察することで、選手たちの性格をつかむことにしたのだ。

選手たちは次々にスリッパを脱いで部屋に入ってくるので、部屋の前はあっという間にスリッパで足の踏み場もなくなってしまう。そんななかで、散らかったスリッパをきちんと揃え直したうえで空きスペースを作り、きれいに自分のスリッパを置いたのは、キャッチャーのポジションを守る選手だった。「いかにもキャッチャーらしいな」と私は思った。ピッチャーをリードしながらすべての配球を考えなくてはいけないキャッチャーには、几帳面さと気配り、心配りが求められるからだ。

これとは対照的だったのがピッチャーたちである。多くのピッチャーは乱雑に置かれたスリッパの上にまたスリッパを脱いで部屋に入ってくる。はっきり言って躾《しつけ》がなっていない。でもそれでいいのだ。ピッチャーは強い度胸を持ってマウンドに上がらなくてはいけない。「スリッパなんかどうでもいい」という図太さがピッチャーには求められるからだ。

しかし、なかにはピッチャーでも、キャッチャーのようにこまめにスリッパを揃える選手がいる。こういう選手には注意が必要だ。ほかのピッチャーたちとは接し方を変えなくてはいけないからだ。

もちろんスリッパの脱ぎ方だけですべてを判断するわけではないが、「こいつはどうにもピッチャー向きの性格じゃないな」と思ったときには、極端な話、ほかのポジションにコンバートすることを検討したほうがよい場合さえある。

ただしピッチャーは強い精神力を持ち、「俺がチームを支えている」という自惚《うぬぼ》れ屋である反面、繊細な心を持っていることにも注意をしなくてはいけない。私のロッテオリオンズ時代の監督は金田正一《かねだまさいち》さんだったが、金田さんも「ピッチャーの心はガラス玉。すぐにひびが入るから」とよく言っていたものだ。

ピッチャーが野手といちばん違うのは、試合の勝ち負けが直接自分の責任になるということだ。先ほども述べたように、相手打線を抑えれば「チームが勝てたのは自分のおかげ」であり、打たれれば「負けたのは自分のせい」である。結果が残酷なまでに露わになる。

これが野手の場合は、どんなに好打者でもヒットを打てる確率はせいぜい3割から3割5分である。つまり10回に7回は失敗するわけだ。確かにチャンスで凡打に終わったときには責任を感じるが、ピッチャーと比べれば心の切り替えはそれほど大変ではない。

だから私はピッチャーについては、ふがいないピッチングをして打たれたときでも、心が傷つくような叱り方をすることは基本的にはしなかった。ノックアウトされたピッチャーは、すでに十分に傷ついている。ガラス玉の心にひびが入りかけている。だからあえて傷口に塩を塗るようなことをする必要はない。

こんなとき責任を負うのはキャッチャーの役割である。私も現役時代には、内心では「どこに投げているんだ、このバカ野郎」と思っていたとしても、「あんなサインを出して悪かったな」と自分が謝るようにしていた。また監督になってからも、叱っていたのはピッチャーではなく、常にキャッチャーの古田敦也や嶋基宏《しまもとひろ》だった。

キャッチャーの仕事は、たとえピッチャーがこちらの意図どおりの球を投げてくれないとしても、それでも知恵を振り絞って相手打線を抑える方法を考えることである。球が遅いピッチャーならそのピッチャーなりに、コントロールが悪いピッチャーならそのピッチャーなりに投球を組み立てていかなくてはいけない。だから相手バッターに打たれたときには、キャッチャーは反省するべきことが山ほどある。またピッチャーのせいにせずに、そうした反省が自分でできるキャッチャーが優れたキャッチャーである。

ピッチャー的性格、キャッチャー的性格はこうして培われていくのである。

環境が人を変えてしまう恐ろしさ

「環境が人を育てる」という意味では、野球選手にとっては「どのポジションで野球をするか」と同様に、「どの球団に入るか」も、その後の野球人生を大きく左右することになる。

私が阪神タイガースの監督を務めていたときに痛感したのは、「こんなチームでは、育つ選手も育たなくなるぞ」ということだった。

関西地方に在住の方ならよくご存じだろうが、関西のスポーツ紙はスポーツ報知を除けば、タイガースが勝っても負けてもキャンプのときでも1面はタイガースの話題である。タイガースの記事を載せないと新聞が売れないからだ。

記者はネタを拾ってくるためには、選手たちと仲良くしておく必要がある。だから選手に関する批判的な記事はなかなか書けず、持ち上げ記事が中心になる。その代わり負けが込んだときには、監督やフロントに批判の矛先が向かう。

そのため選手たちは、たいした実力もないうちから「自分はスターだ」と勘違いすることになる。さらにたちが悪いのは「タニマチ」の存在だ。タニマチたちは、すでにある程度の実績を残している選手だけではなく、まだ1軍にも上がっていないような若い選手まで夜の街に連れ出してちやほやするのだ。

これでは選手が育たなくて当然である。もっとも一心不乱に野球に打ち込まなくてはいけない時期に、野球以外のことにうつつを抜かすわけだから……。

私はタイガースの監督時代、春のキャンプではヤクルトスワローズのときと同じように「野村時間」を設け、私の考えを選手たちに徹底的に教えようとした。しかしほとんどの選手は私の話に関心を寄せる素振りすら見せなかった。「野村の考え」はチームにまったく浸透しなかったのである。

その姿は、スワローズの選手たちとは対照的だった。私が就任した当初のスワローズは9年連続Bクラスが続いているような弱小球団だった。しかし、だからこそ選手たちは「もっと強くなりたい」という向上心を抱いていた。

スワローズの本拠地は東京都の神宮球場だが、同じ東京都には絶大な人気を誇るジャイアンツがいる。スワローズはただでさえ影が薄いのに加えて、弱いものだからなおさらメディアへの露出度は少なくなる。しかしそうした劣等生の立場にいるぶんだけ、選手たちは「なにくそ」という気持ちを持っていたのである。

一方タイガースの選手たちは、弱いままでも周りがちやほやしてくれるぬるま湯体質にすっかり慣れきっていた。ただしこうした選手たちも、もしタイガース以外の球団に入団していていれば、野球に対する考え方も姿勢もまったく違っていたはずである。

「『朱に交われば赤くなる』とはこのことだな」と私は思ったのである。

自分を成長させてくれる場所を選べ

このように人は、環境によってその後の人生を左右される生き物である。だからこそ私は己の身を投じる環境は、慎重に選ぶことが大切になると思っている。

もちろんプロ野球選手の場合は、今のドラフト制度のなかでは指名された球団に入るしかない。またポジションも自分で選びとれるわけではなく、入団後に首脳陣の判断でコンバートされるのはよくあることだ。

これは一般社会でも同じだろう。会社員の方でも、必ずしも自分が希望した部署に配属になったり、望んだ仕事ができるわけではないと思う。自分で選ぼうにも、選べないという現実がある。

とはいえどんな世界でも、自分の意思がまったく反映されないということはないはずだ。野球選手でもドラフト前に意中の球団を表明することはいくらでもできるし、プロに入ってからでも、自分が在籍している球団の環境に満足していないときには、トレードに出してもらうように首脳陣やフロントに直訴することも可能である。もちろん実績のある選手の場合はＦＡ（フリー・エージェント）という手段もある。

私は自分で環境を選びとるときには、「自分を成長させてくれそうな場所」や「自分の可能性を伸ばせそうな場所」を選ぶことが大切だと思っている。

たとえばドラフト1位クラスの注目をされている高校生や大学生のなかには、「僕は小さいときからジャイアンツファンだったので、やっぱりジャイアンツに行きたいです」などと口にする選手がいる。私はこういう選手を見ると、「ちょっと待ってくれ」という気持ちになる。

「ジャイアンツの選手になること」がその選手が目指しているゴールなら、「ジャイアンツのファンだったので、ジャイアンツに行きたい」という選択でもまったくかまわない。しかしプロ野球選手にとってのゴールは、そんなところにあるわけではないはずだ。「プロ野球の世界で自分がどこまでやっていけるか、自分自身の可能性をとことんまで追究する」ということをやはり目標として掲げてほしいと思う。

そうであるならば、自分があこがれているチームではなく、「自分という人間の能力を最大限に引き出してくれるチームはどこか」という視点でチームを選ぶべきである。人気やブランドや契約金の高さに惑わされてはいけないのである。

恵まれない環境が人を進歩させる

私はピッチャーで言えば、球団を選ぶときには「そのチームの正捕手が誰か」を基準に選ぶことが大事だと思っている。なぜならピッチャーの能力が生きるか死ぬかはキャッチャー次第という面が大きいからだ。

読売ジャイアンツで伸び悩んでいた山内新一が、トレードで南海ホークスに移籍してきたその年に20勝をあげたというのは前にも話したとおりである。当時ジャイアンツの正捕手は、言うまでもなく森祇晶だった。私は山内に「キャッチャーとしての俺と森の違いはどこにある?」と聞いてみた。

すると山内は、「森さんは一流のピッチャーをリードするのはうまいかもしれませんが、僕らみたいな安物のピッチャーについてはうまくリードしてくれません。野村さんはその逆で、僕らみたいなへぼピッチャーを上手にリードしてくれます」と言った。

森と私の違いは、ジャイアンツとホークスという育ってきた環境の違いが大きい。森はジャイアンツで藤田元司《ふじたもとし》さん、城之内邦雄《じょうのうちくにお》さん、堀内恒夫《ほりうちつねお》などそうそうたる顔ぶれのピッチャーのボールを受けてきた。だから一流のピッチャーをリードするのはうまい。

一方確かに私も杉浦忠などの一流ピッチャーとバッテリーを組んだこともあったが、ホークスの黄金時代が終わってからは、ピッチャーのコマ数が足りないなかで「いかに若くて実績もないピッチャーの能力を引き出していくか」ということに苦心した。だから私は山内が言うように「へぼピッチャーを上手にリードする」のがうまくなったのである。

私とバッテリーを組むうちに、自分の持ち味を活かした投球術を習得した山内は、私がホークスを去ってからもコンスタントに二桁勝利をあげられるピッチャーとして活躍した。

いわば一本立ちしたのである。逆にもしあのままジャイアンツに居続けたら、「己のピッチング」を知ることができないままプロ野球界を去っていた可能性が高い。

だからピッチャーが自分が所属するチームを選べるのであれば（もちろん選べないことのほうが多いのだが）、「自分という人間の能力を最大限に引き出してくれるキャッチャーがいるチームはどこか」という視点で選ぶことが大事なのだ。

ちなみに森と私の話をもう少し続けると、面白いのはキャッチャーとしての森と私の違いは、そのまま監督としての森と私の違いにもつながっているということだ。

森は1986年から1994年まで9年間西武ライオンズを率いて、実に8回のリーグ優勝と6回の日本一を成し遂げている。それはまさにV9時代の巨人を彷彿《ほうふつ》とさせるような強さだった。監督としての森は、ある程度揃った戦力を持たされたときに盤石の強さを発揮する。しかし横浜ベイスターズの監督時代には精彩を欠いてしまったように、それほど戦力が整っていないチームを強くできる監督ではない。

一方私は森とは正反対に、弱いチームを強くする仕事ばかりを任されてきた。そんな私が現在のジャイアンツやかつてのライオンズのような常勝球団の監督を任されたとしたらどうなっていただろうか。強いチームの監督に就任した経験がないので何とも言えないが、少なくとも言えるのは「私の柄ではないし、興味もない」ということだ。

私は現役時代から、一流のピッチャーのボールを受けることよりも、二流のピッチャーからバッターに通用するボールを引き出しながら勝つことに喜びを見いだしてきた。たとえば杉浦忠は1959年、38勝4敗という今では考えられないような投手成績をあげている。その年ホークスのマスクをかぶっていたのは私だが、しかし私が正捕手ではなかったとしても杉浦は38勝をあげることができていただろう。私でなくてもよかったのだ。そうではなくて私は、自分の創意工夫でピッチャーの力を引き出してあげた1勝のほうに喜びを覚えるのだ。

ピッチャーが好投手であるために、創意工夫をしなくても勝てるのならキャッチャーとしてこれほど楽なことはない。しかし楽をすれば進歩もなくなる。私がキャッチャーとして成長できたのは、ホークスが弱小投手陣だったからだ。確かに弱小投手陣のチームでマスクをかぶるのは苦労が絶えない。相手打線を封じるためには、1回から9回まで神経を研ぎ澄ませて配球を考えなくてはいけない。しかしその苦労が人を進歩させるのだ。

そういう意味ではキャッチャーとして自分の能力を高めたいなら、投手陣が弱いチームを選ぶことが大切になると言えるだろう。

環境選びは慎重すぎるくらいでいい

私は関西の出身であるにもかかわらず、少年時代は熱狂的なジャイアンツファンだった。だから子どものころの夢は「大きくなったらジャイアンツの選手になる」ことだった。

ところが私が高校3年生のときに、藤尾茂《ふじおしげる》さんというキャッチャーがジャイアンツに入団した。藤尾さんは高校時代、甲子園を湧かせたスターであり、強肩、強打、俊足で知られていた。そして将来はジャイアンツの正捕手になることが期待されており、高卒ルーキーながら1年目から1軍の試合に出場していた。

そこで私は考えた。

「もし俺がジャイアンツのテストに合格して入団することができたとしても、1軍では藤尾さんと正捕手争いをしなくてはいけないことになる。藤尾さんには、とてもじゃないが勝てる自信はない。年齢も近いから俺はずっと控え捕手だろう。こんな強敵がいたのではテストに合格しても仕方がないな」と。

そのため私は、ジャイアンツの入団テストを受けることをあきらめたのである。

この判断は、結果的に大正解だったと言える。なぜならジャイアンツにはその後、森祇晶が入団して、なんと藤尾さんから正捕手の座を奪ってしまったからである。もし私が首尾良くジャイアンツに入団できていたとしても、藤尾さんや森と三つどもえの正捕手争いを繰り広げなくてはいけなかったことになる。結局私は正捕手の座を得ることはできず、無名の選手で終わってしまっていた可能性は十分すぎるぐらいにあり得るだろう。

キャッチャーがほかのポジションと違うのは、レギュラーのイスがひとつしかないということだ。ピッチャーならチームのなかに絶対的なエースがいたとしても登板機会はいくらでもあるし、内野手には4つ、外野手には3つポジションが用意されている。けれどもキャッチャーの場合は、チームのなかにスタークラスの選手がひとりいたら、ほかの選手は少々の実力があっても試合には出られなくなってしまう。

そこで私は「出場機会が得られそうなチーム」という観点で、入団テストを受ける球団を選ぶことにしたのだ。

当時は今と比べて選手寿命が短く、キャッチャーは32、33歳が限度とされていた。そのため私は正捕手の年齢が30歳前後で、なおかつ控え捕手の層が薄いチームをピックアップした。そうしたなかから浮かびあがってきたのが、南海ホークスと広島カープだった。ホークスでは松井淳さんと筒井敬三《つついけいぞう》さんが交互にマスクをかぶっており、カープの正捕手はすでに30代半ばを越えていた門前眞佐人《もんぜんまさと》さんだったからである。

この2球団のなかから最終的にホークスを選んだのは、「ホークスは2軍の選手を育てて使うのがうまい」という評判があったからだ。

もし正捕手がベテランだったとしても、後継者をトレードや六大学のスターを獲得することで補強するような体質の球団だったとしたら、2軍からコツコツと下積みを経験してきた若手がチャンスを得られる機会は限られてしまう。長嶋茂雄が監督を務めていたころのジャイアンツと同じである。

しかし当時のホークスは、岡本伊三美《おかもといさみ》さんや森下整鎮《もりしたのぶやす》さんのように2軍で鍛えられてきた選手が、数多く1軍で活躍していた。そこで私は己の身を投じるチームをホークスに定めたのである。

私が入団3年目にしてレギュラーをとることができたのは、もちろん人一倍努力したという自負もあるが、「自分を成長させてくれるチーム」や「自分の可能性を伸ばせるチーム」を選んだということが大きかったと思う。

環境はそれほどまでに人の運命を変えていく。だから環境選びには、慎重すぎるくらいに慎重になったほうがいいのだ。

11. 時には現場から離れることが、人間を成熟させる

第二の人生のスタートも挫折から始まった

私の人生は、常に挫折からスタートするようである。

1980年、現役に別れを告げた私は、評論家生活を始めることになった。45歳のときである。

さっそく私のところに講演会の依頼がいくつかきた。私がそのなかから最初に選んだのは、住友金属工業和歌山製鉄所での講演である。当日、用意された大きな会場には約1000人の従業員が集まり、「野村はいったいどんな話をするんだろう」と、興味津々で私の登場を待ち受けていた。

その講演会の直前、舞台袖でたくさんの聴衆の姿を目にしたとき、私は「これはとんでもないところにきてしまったぞ」という後悔の念でいっぱいになった。これまでに感じた

こともない緊張感が我が身に襲いかかってきたからである。演台に立ってからも緊張感は収まることはなく、額からは汗が噴き出し、喉もからからになった。これまで日本シリーズやオールスターでは何万人もの観衆の前でプレーをしてきたが、人前で野球をすることと、人前で話すことはまったく勝手が違った。

今となってはこんなことを言っても誰も信じてくれないかもしれないが、元来私は人の前で話すことに苦手意識を持っていた。また講演会というイベントにも縁がなく、講師としてはもちろん聴衆としても参加したことがなかった。だから何をどう話せばいいのかさえわからないまま会場にきてしまったのである。

案の定、私の最初の講演は大失敗に終わった。前日の晩に講演の内容を3枚程度のメモにしたためてから本番に臨んだのだが、わずか30分で話が尽きてしまったのである。私に与えられていた持ち時間は1時間30分。やむを得ず私は聴衆のみなさんにこう言った。

「なにぶん生まれて初めての講演なもので、ペースも何もわかりません。まだ1時間の残り時間がありますので、私ごときに何か質問してみたいことがあったら、何でもご質問ください」

私は残り時間を質疑応答に切り替えて、何とかその日の講演をしのいだのだ。

初めての講演を終えた私は、完全に自信喪失状態になった。講演会なんてもう二度とごめんだと心底思った。私のスケジュールを調整してもらっている妻に「俺には無理だ。これからは全部断ってくれ」とお願いしたくらいである。

しかし、すでにほかの講演会の日程も決まっている。妻からは「声をかけてくださるだけでもありがたいと思いなさい」と叱咤激励されて会場に向かうのだが、どうにもうまく話すことができない。しまいにはストレスのあまり円形脱毛症になるほどだった。

だが私の気持ちとは裏腹に、その後も講演会の依頼は絶えることなく続いた。それは「私の話を聞きたい」と思ってくださる方がたくさんいるということを意味していた。テスト生から這い上がって三冠王をとり、プレーイング・マネージャーを経験したあとに45歳まで現役を続けた男。そういう男から何かヒントになる話を得ることで、自分の人生や仕事に役立てたいと考えておられる方が多いということだろう。

「これは覚悟を決めなくてはいけない」

と、私は思った。私は社会から必要とされている。世のため人のために生まれてくるのが人間というものである。私が人びとから求められているのならば、私はその求めに応えなくてはいけない。

考えを相手に伝えるために「言葉」を磨く

そこで私は、自分が野球界で体験してきたことを一般の方にわかりやすく伝えるために、これまで以上に読書に励むことによって「言葉」の力を高めることにした。

私は「思考」や「感性」については誰にも負けないぐらいに磨いてきたつもりだった。しかし、いくら深い思考や鋭い感性を持っていたとしても、それを言葉に変換する能力がないと人には伝わらない。そのため私は講演会場や球場に向かう移動時間を活用して、さまざまなジャンルの本を片っ端から読みあさった。そして心に残る言葉があったときには、赤線を引いてメモをとるようにしていた。

そうやって読書を通じて「言葉力」を鍛えていくうちに、私は次第に自分の心の奥底にある思いや感覚を、相手にわかりやすく理解してもらえる言葉で表現できるようになっていった。また講演会の場数を踏むうちに、時間配分や話の組み立てのコツもつかめてきた。するといつの間にか私は、人前で話すのが苦ではなくなっていたのである。かつては1時間半の講演時間が4時間にも5時間にも感じていたのが、やがて1時間半では物足りなく感じるほどになっていた。聴衆のみなさんも、私が机上の空論ではなく、体験談を交えた生々しい話をするため、興味津々で聞いてくださった。

実は、講演会でうまく話せるようになるために言葉の力を磨いたことは、思ってもみなかった果実を私にもたらすことになった。ヤクルトスワローズの監督として再び現場に戻ったときに、私が「言葉」を持っていたことが大いなる力になったのである。

南海ホークスでプレーイング・マネージャーをしているとき、私はほかの選手たちに対して「俺の背中を見ろ」という気持ちでプレーをしていた。私が選手に対して求める姿勢やプレーを率先垂範《そっせんすいはん》して自分がおこなうことで、チーム力を高めようとしていたのである。

しかし、スワローズでは私はプレーイング・マネージャーではない。野球の何たるかを、プレーを通じて若い選手たちに教えることはもうできない。

私が持っている武器はただひとつ、「言葉」である。「野球とは何か」「野球選手は、どのような姿勢で野球に臨むべきか」といった根本論から、戦略・戦術に関する野球理論、そして走攻守に関する具体的な技術論まで、すべて言葉を通じて選手たちに伝えていくことが求められたのだ。

私はスワローズの監督として1年目を5位で終えたときに、相馬和夫《そうまかずお》球団社長に対して「1年目にまいた種に、2年目には一生懸命水をやり、3年目には咲かせます」と口にした。そしてこの言葉どおりに2年目にはヤクルトを3位に押し上げ、3年目にはついにリーグ優勝を果たした。

3年間でチームを変えることができたのは、私が「言葉」を持っていたことが大きかったと思う。言葉を通じて、私は自分の野球理論を「野村の考え」として選手たちに浸透させることができた。これによって選手たちの意識が変わり、行動が変わり、そして万年Bクラスから優勝争いのできる常連チームへと結果も変わっていったのである。

そう考えると私は、和歌山での最初の講演会で大失態を演じてしまったからといって、講演活動をやめるような決断をしなくて本当に良かったと思う。苦労の甲斐があったというものである。拙《つたな》い講演を聴かせてしまった住友金属工業の方々には、申し訳ないことをしてしまったが……。

言葉の力を武器にする

私は現役を引退してから9年間、評論家生活を経験した。そしてコーチ経験がないままにヤクルトスワローズの監督に就任した。だがプロ野球界では「監督に就任させる前に一度コーチを経験させたほうがいい」と言われており、実際将来の監督候補と見なされている人間は、まずはコーチを経てから監督になるケースが少なくない。

たとえば原辰徳《はらたつのり》も、ジャイアンツで野手総合コーチを経験してから監督に就任している。また私のあとにスワローズを日本一に導いた若松勉《わかまつつとむ》も、私のもとで1軍打撃コーチや2軍監督を務めてから監督に就任した。

確かに監督業は、現役引退後すぐに務まるほど甘いものではない。だからコーチや2軍監督を経験することで指導者の力量を高めたうえで、監督の座を担わせたほうがいいということだろう。ただし私は優れた監督になるうえで、コーチの経験を積むことももちろん大事だろうが、もっと大切なのは評論家を経験することだと思っている。

私はスワローズで9年間、阪神タイガースで3年間、楽天イーグルスで4年間の計16年間監督を務めさせていただいた。社会人野球のシダックスでの3年間の監督生活を含めると計19年間になる。監督が数年単位で入れ替わり、一度退任するともう二度と声がかからないことも多いこのご時世では希有《けう》なことだと言えるだろう。ではなぜ私がこれだけたくさんの球団から必要とされ、長年にわたって監督業を務めあげることができたかと言うと、間違いなくあの9年間の評論家生活が土台になっていると思うのだ。もし私が引退後すぐに監督になっていたとしたら、こんなにも長い間監督を続けることはできなかったはずだ。

評論家を経験することで得られるものは、まずひとつには先ほども述べたように「言葉」を獲得できることである。視聴者や読者は、野球の専門家ではない一般の方々だ。そうした方々に野球の面白さや奥深さ、魅力を伝えるためには、本質を突いた的確な言葉で、しかも平易に表現することが求められる。つまり「言葉」を使う力が相当鍛えられることになる。

ここで大切なポイントは、自分としては視聴者や読者に野球の面白さや奥深さを教えているつもりが、実は自分も教えながら野球について学んでいるということだ。

野球は感覚的な要素が大きな比重を占める分野である。たとえばバッティングのスイングについても「よし、この感覚だ」というものがつかめれば、それ以上は言葉にする必要がなかったりする。特に一流選手ほどそうである。

しかし一般の方に向けて野球解説や評論をするときには、その感覚的な要素を言葉に変換できないと相手には伝わらない。そこで適切な言葉を探しているうちに、「なるほど、俺が感じていたことはこういうことだったのか」と自分自身が発見することが多いのだ。これまで漠然と感じていたことを、はっきりと意識化することができるのである。ラテン語に「人は教える間、学んでいる」という言葉があるが、まったくそのとおりだと思う。

こうして評論家時代に得た「言葉」の力は、監督になったときにこれ以上にない自分の武器となった。70人の支配下登録選手のなかには、いろいろなレベルの選手がいる。そこでそれぞれのレベルの選手に合わせて、その選手が理解できる言葉で野球理論や技術論、選手としてのあり方を伝えることができるようになるからだ。

もちろん「言葉」を磨くことは、評論家ではなくコーチでも可能である。コーチも選手を指導するときには、本来は言葉が必要となるからだ。しかし、現実には言葉の大切さを理解しているコーチがどれだけいるだろうかと思う。野球界はこれまで「理論よりも実践」を重視してきた。「つべこべ理屈を言う前に、まず練習しろ」という指導法が主流を占めてきたのだ。

またコーチの場合、自分が使っている言葉が選手に通じないときには、「俺の言っていることがわからないおまえが悪い」と選手のせいにすることが可能である。しかし評論家には「視聴者や読者のほうが悪い」ということは絶対に許されない。言葉に求められる厳しさが違うのだ。だから評論家のほうが「言葉」の力を鍛えられるのである。

「欲」から離れると見えるものがある

評論家を経験することのもうひとつのメリットは、外から野球を見る機会が得られることだ。つまり野球を客観的に見ることができるのである。

ユニフォームを着ている間は、人はそのチームの立場から野球を見ている。たとえば私は現役時代も、キャッチャーとしてマスク越しに相手のベンチを見ながら、「この場面で、相手の監督は何を仕掛けてくるだろうか」というように、できるだけ相手の立場に立って考えるように努力はしていた。しかし、これには限界がある。どうしても自分のチームをひいき目に見てしまうし、「こうなってほしい」とか「こうあってほしい」といった欲から離れることができないからだ。

しかし評論家としてバックネット裏で野球を見るようになってからは、どちらが勝とうが負けようが関係なくなる。つまり欲から離れることができる。すると当時であれば、たとえば西武ライオンズ対阪急ブレーブス戦を観戦するときでも、「たぶん広岡《ひろおか》（達朗《たつろう》）さんは次にこういう作戦を打ってくるな」とか、「ブレーブスは今こういうチーム状態だから、上田（利治）はきっとこんなことを考えているな」といったように、両チームの監督の思惑が手にとるようにわかるようになったのだ。

外国での留学経験や勤務経験がある人のなかには、「日本を離れて、初めて日本のことが見えてきた。日本にいるときには、まったく日本のことがわかっていなかった」と言う人が多いが、それと同じだと思う。私も野球の現場から離れて、初めて見えてくることがたくさんあった。私は現役時代、野球については誰よりも考えてきたつもりだったが、いかに見えていないこと、気がついていないことが多かったかを思い知らされたのである。

もちろん評論家時代にはそうやって欲から離れて野球を見ることができていても、再び監督として現場に戻ると、また欲にまみれることになってしまうのも事実である。目先の得にとらわれて、野球が見えなくなってしまうこともしばしば起きる。

しかしそれでも以前の「現場しか知らなかった自分」とは、明らかに違う自分がそこにはいる。評論家時代に一度身につけた客観的かつ多面的な視点が失われることはない。だから指揮官として現場の真っただ中で戦いながらも、その一方で試合自体を俯瞰《ふかん》して眺めることができるようになるのである。

時にはあえて現場から離れる期間も大切であることを、私は身をもって感じることになった。

12. 突然の変化が身に起きても柔軟に生き抜くために

第二の人生のために、もう一度自分と向き合う

私が現役を引退して最初に臨んだ講演会で、まともに話すことができずにすっかり自信を喪失したエピソードを読んだ読者のなかには、「きっと野村は、何の準備もしないまま評論家活動に入ったのだろうな」と思われた方もいるかもしれない。

だがさにあらず。私は30歳を過ぎたころから、引退後は評論家になることを意識するようになっていた。「野村－野球＝ゼロ」である私が、野球以外のことで何かを成そうと思ってもうまくいくはずがない。選手をやめたあとも野球の世界で食っていくためには、評論家をやるしかないと思ったのである。

では「監督になることは考えなかったのか」と聞かれれば、正直考えていなかった。私がプロ野球の世界に入って痛感したのは、「結局、野球界も学歴社会なんだな」というこ

とである。12球団の監督を見回すと、そのほとんどが大学出だったからだ。確かに川上哲治さんは高卒だったが、あの人は特別だという思いがあった。だから多分にひがみが入っていたのかもしれないが、「俺みたいなテスト生あがりの高卒が、監督になんてなれるわけがない」と思い込んでいたのだ。

私は自分自身が30歳を過ぎたころから引退後のことを考えるようになったように、監督時代は選手に対しても「30代になったら、引退後のことを考えて今日を生きろ」と口を酸っぱくして言ってきた。

というのは野球選手の場合、現役よりも引退後の生活のほうがはるかに長いからである。私はこれまで、野球しか知らなかったために引退後に生きる術や目標を失い、悲惨な後半生を迎えるしかなかった人たちを嫌というほど見てきた。

だからもし自分が現役時代にそれなりに実績を残しており、引退後に評論家としてやっていける可能性があるならば、評論家としての能力を必死に磨いておくべきであると考えた。評論家も競争社会である。陳腐な解説しかできない評論家は、すぐにテレビやスポーツ紙、講演会に呼ばれなくなる。現役時代からそれなりに準備をしてきたつもりだった私ですら、評論家に転身した直後は講演会で何も喋れずに悪戦苦闘したぐらいである。そんなに甘い世界ではないのである。

また選手としての実績がなく、引退後にコーチや評論家として野球の世界に残れる可能性が少ない人の場合は、なおさら第二の人生の準備を真剣にしておく必要がある。このときに大切なのは「己を知る」ことである。これまでの自分の人生の棚卸しをしたうえで、自分には何ができるか、何がしたいか、真摯《しんし》に己と向き合うことが求められる。

未来を見据えた準備をしているか

私が引退後は評論家になることを意識したときに、まず考えたのは「そもそも野球の評論家とは何か。なぜ野球に評論家が必要とされるのか」ということだった。

野球がこれだけ多くのファンに愛されているのは、観ているだけでも楽しいスポーツだからだろう。球場でビールを片手に、ひいきのチームを声をからして応援し、豪快なホームランや華麗なプレーに胸を躍らせる。それだけでも野球は十分に楽しい。

けれどもそうやって野球の楽しさを感じたファンのなかには、「もっと野球を深く知りたい」と思う人も出てくる。そういう人の思いに応えるのが、評論家の仕事ではないかと私は考えた。

「このピッチャーはなんて速い球を投げるんだろう」とか「なんてコントロールがいいんだろう」といったことは、野球経験者でなくても見ればわかることだ。けれども「ではなぜこのピッチャーは、こんなに速い球を投げられるのか」「なぜこのピッチャーは130キロ台のボールしか投げられないのに、相手打線を封じることができるのか」といったことについては、野球を経験したことがない方にはなかなかわからない。

そこで私は、一般の方が「見えていない部分」や「気がついていない部分」にまで深く入り込み、野球の専門家ではなくても理解できる平易な言葉に変換して伝えるのが評論家の役割ではないかと考えたのである。そうした役割を評論家が担うことで、より多くの方に「野球の奥深さ」や「野球の本当の面白さ」を知ってもらうことができる。

「評論家とは、人びとが見えていないこと、気がついていないことを伝える仕事である」と定義した私は、まだ現役の選手だったときから、将来、評論家になることを意識した言動を心がけるようになった。

たとえば記者たちから囲み取材を受けるときでも、「きっと記者さんたちは、こういうことには気がついていないだろうな」というところに目をつけて発言するようにしていた。

するとやがて記者連中から「野村は野球をよく知っている」とか「野村の野球の話は面白い」といった評判が立つようになる。

こうした評判が立ったことで、日本シリーズなどのゲスト解説に呼ばれる機会も増えていった。こんなときには「よし、ここが俺の第二の人生の勝負どころだ」と張り切って解説に臨んだものである。

当時の私はまだ拙い話しかできなかったにもかかわらず、引退した直後からさまざまな解説や評論や講演の依頼をいただけた。それは引退前からのこうした準備が実を結んだものではないかと思っている。

野球選手にとって、いちばんの正念場は「引退の時期」である。引退するということは、これまでとは違う人生を生きなくてはいけないということだからだ。つまり変化しなくてはいけない。

しかし人間は急に変われるものではない。球団から戦力外通告を受けてから途方に暮れ、「さあ、何をしよう」と考えるようでは遅すぎる。

未来を見据えて準備を怠らない人だけが、突然の変化が身に起きても柔軟に生き抜くことができるのである。

第3章

功なき者を集めよ

13.

「成果主義」のなかで組織をひとつにまとめるために

人間にとって最大の悪は〝鈍感〟なこと

私は「キャッチャーとは?」「評論家とは?」といったように、「とは?」と己に問いかけることが大切だと考える。「とは?」と問いかけることで、自分が目指す「あるべき姿」が明らかになる。その「あるべき姿」に向けて努力を続けることで、自己を高めることができるからだ。「あるべき姿」を持たないままにいくら努力を重ねても、その努力は空回りに終わるだけだ。目的地が曖昧《あいまい》なままに船を出航させるのと同じである。

だから私はヤクルトスワローズや楽天イーグルスの監督に就任するたびに、キャンプのときからさまざまな「とは?」を選手たちに問うてきた。そのなかでも必ず質問したのが「野球とは?」という問いである。我々は野球で飯を食っている野球のプロフェッショナルである。そのプロフェッショナルが、自分が携わっている専門分野を明確に定義できていないようでは恥ずかしすぎる。

しかし実際には答えられる選手は「皆無」と言ってもいいくらいにいなかった。「そんなことは考えたことすらない」という選手ばかりだった。

私は「野球とは？」という問いに対して、唯一無二の答えがあるとは思っていない。人それぞれ答えは違っていてもいい。しかし大切なのは自分なりの野球観を持っていることである。

では私自身が「野球とは？」と問われたらどう答えるだろうか。私ならこう答える。

「野球とは、『間』のスポーツである」

世の中に数あるスポーツのなかで、野球ほど「間」の多い競技も珍しいのではないだろうか。守備の場面では、ピッチャーは1球投げては間をとり、また1球投げては間をとる。またバッテリー以外の選手たちは、打球が飛んでくるまでは自分のポジションでじっとしている。

一方攻撃の場面では、打順が回ってきた選手以外はベンチに座っている。野球を見たことも聞いたこともない国の人に野球を見せたら、「これが本当にスポーツなのか？　休んでばかりではないか」と言うかもしれない。

しかしこの「間」が野球の妙味なのである。「間」があるということは、それだけ次のプレーに備える時間や考える時間が与えられているということだ。したがってこの「間」を、いかに思考や準備に有効活用できるかによって結果も変わってくる。

ウサギとカメのたとえで言えば、ここにカメがウサギに勝つチャンスが生まれてくる。ウサギが天性の才能だけで何も考えずにプレーをしているなかで、カメが「間」を活用し、必死になって感性や思考を働かせて次のプレーに備えれば、その結果においてウサギに勝てる可能性が出てくるのだ。

カメはウサギよりも弱者である。否応なく不利な立場にある。だからこそ「思考」や「感性」をフル稼働させなくてはいけない。

私が選手に対して「人間にとって最大の悪は鈍感であることだ」と常日頃から話し、感じること、考えることを求めてきたのは、それが弱者が強者に勝つために必須のことであるからだ。

個の力だけで「勝てても」「勝ち続ける」のは難しい

「野球とは？」と問われたときに、実は私にはもうひとつ別の答えがある。それは、「野球とは、団体競技である」、ということだ。

「何だ、当たり前じゃないか」と思われるかもしれない。しかし私はこの「当たり前のこと」を選手に浸透させるために、監督としてこれまで大変な苦労をしてきた。

私は今「野球とは、団体競技である」と述べた。では、そもそも団体競技とはいったい何だろうか。私の考えでは、「団体競技とは、選手が同じ方向を向いてプレーをすること」である。

私はプロ野球で優勝するチームには、ふたつのタイプがあると考えている。ひとつは「優勝するべくして優勝するチーム」。そしてもうひとつは、「優勝するにふさわしいチーム」である。

「優勝するべくして優勝するチーム」とは、圧倒的な戦力を誇るチームである。二桁以上の勝ち星をあげる力を持ったピッチャーが4〜5人揃っており、リリーフ陣も充実している。巧みなリードができるキャッチャーもいる。また打線も上位から下位まで、切れ目のない層の厚い打撃陣になっている。そうしたチームが優勝するときには、まさに「優勝するべくして優勝する」のである。

一方「優勝するにふさわしいチーム」とは、個々の戦力はそれほどではなかったとしても、確固たるビジョンを持った監督のもとで、選手が自分の役割を正しく理解し、フロントを含めてチームとして同じ方向を向いて一丸となって戦うチームである。この「優勝するにふさわしいチーム」は、戦力面では劣っていたとしても、時に「優勝するべくして優勝する」タイプのチームを倒すことができる。

私はヤクルトスワローズ時代に4度のリーグ優勝を果たしたが、いずれも「優勝するにふさわしいチーム」だった。当時圧倒的な戦力を誇っていたのは、長嶋茂雄が率いるジャイアンツであり、ジャイアンツこそ優勝するべきチームだった。ところが長嶋が監督を務めた1993年から2000年までの巨人は、あれだけ毎年のように大型補強をおこないながらも、リーグ優勝はわずか3回にとどまっている。

それはなぜか。選手個人の「個の力」で野球をしようとしていたからである。つまり団体競技であるはずの野球で個人競技をしてしまったのだ。一方ヤクルトが、けっして盤石とは言えない戦力で4度もリーグ優勝を果たせたのは、「フロントも選手も一丸となって、同じ方向を向いてプレーをする」という団体競技ができていたからだ。

野球という団体競技は、個の力を集めるだけでは勝つことはできないのである。もちろん卓越した個の力が揃っているチームは、その戦力にモノを言わせて優勝する年も確かにある。しかし「勝つこと」はできるが、「勝ち続けること」は難しい。第2次長嶋監督時代にジャイアンツが連覇を果たすことができなかったのはそのためである。

弱い組織の共通点は「一体感に乏しい」こと

「個の力」に頼った戦い方をしてきたチームは、肝心の「個の力」が落ちてきたときにチーム力自体も著しく低下する。

昔、400勝投手の金田正一さんが監督としてロッテオリオンズを率い、チームを日本一に導いたことがあった。1974年のことである。

金田さんは、選手の食生活の改善を図ったり健康管理面を充実させるなど、かなり思い切った意識改革をおこなって成果をあげた。しかしその半面、投手なら20勝とか15勝、打者なら打率3割といったように、選手の評価を「数字」でおこなおうとした。つまり「個人成績の集大成こそ強い集団を作る」と金田さんは考えたのだ。こうした発想は、弱小球団の国鉄スワローズで400勝のほとんどを稼いだという彼が育ってきた環境に、大きな影響を受けたものであると私は思う。

確かに全盛期の金田さんのような、力のある選手がチームに揃っていれば、それなりの結果を残すことができるだろう。日本一になった1974年当時のロッテオリオンズも、ピッチャーは金田留広《かねだとめひろ》や村田兆治《むらたちょうじ》、バッターは有藤道世《ありとうみちよ》など、個の力が充実していた。だからその年のオリオンズは、「優勝するべくして優勝するチーム」として日本一になることができた。

しかしこうした「個の力」に頼ったチームは、選手の力が落ち始めるとチームの成績も低下する。事実オリオンズも翌年以降、その強さを持続することができなくなった。そして金田監督も1978年、半ば更迭の形でユニフォームを脱いだ。

問題はその後である。オリオンズは「個の力」が弱まることで、チームが弱体化した。なぜなら、「選手は自分の成績だけを考えればいいんだ」という利己主義だけがチームのなかに残ってしまったからである。これがその後の長期にわたるオリオンズの低迷を招き、2005年にリーグ優勝を遂げるまで30年もの間優勝することができなかった大きな要因となった。

一方ヤクルトスワローズの場合は、私が監督を退いたあとも、川崎憲次郎や石井一久《いしいかずひさ》、高津臣吾、稲葉篤紀といった主力選手が次々と抜けていったにもかかわらず、2000年代半ばまでずっとAクラスの成績を維持し続けた。2001年には若松勉《わかまつつとむ》監督のもとで日本一も成し遂げている。これは選手一人ひとりが「野球とは団体競技である」ことを意識し、チームとしてひとつの方向を向いて戦うことができていたからではないかと思う。

だから弱いチームの共通点としてあげられるのは、「一体感に乏しい」ということである。選手がみんな自分の成績のことしか考えていないのだ。本来なら弱いからこそチームとして一丸となって戦わないと強者には勝てないのに、それができないからますます下位にとどまってしまうのである。

たとえば楽天イーグルスに鉄平《てっぺい》という選手がいた（現在はオリックス・バファローズに在籍）。彼はバッティングに関しては天才的なセンスの持ち主だった。しかしどんな場面でも自分のことしか考えられなかった。たとえば3、4点差で負けている場面に先頭打者としてバッターボックスに入ったとする。このときバッターとして考えるべきことは、どんな形でもいいから塁に出ることだ。しっかりとボールを見極め、相手ピッチャーから四球を誘い出すことが求められる。また打つ場合も、内野安打や相手のエラーが期待できるゴロを狙うべきである。ところが鉄平は、状況も考えずに初球から手を出し、凡フライを打ち上げることが多かった。つまり「チームのことを考えて野球をする」ということができていなかったのである。こういう選手ばかりで構成されているチームは、けっして上位に上がることはできない。

ただし鉄平の名誉のために言っておくと、その後に彼の意識は大きく変わり、フォア・ザ・チームに徹するプレーができるようになった。私がイーグルスの監督の最終年度にクライマックスシリーズに進出することができたのは、彼のチームプレーなくしてはあり得ない。

実は私が45歳のときに現役を引退することにしたのも、フォア・ザ・チームに徹することができなくなっている自分に気がついたからである。

西武ライオンズに移籍して2年目、1980年9月28日の阪急ブレーブス戦のことである。この日私はスタメンでマスクをかぶっていた。そして4対3と1点をリードされての8回裏、1死満塁のチャンスで私に打順が回ってきた。ここは最低でも犠牲フライを打つことが求められる場面である。私は犠牲フライに関してはプロ野球歴代最高の113本を打っており、まさに打ってつけの場面だと言えた。

ところが根本陸夫《ねもとりくお》監督は、バッターボックスに入ろうとする私を「野村君、ちょっと」と呼び止め、ピンチヒッターを出すことを告げたのである。私の代わりに打席に立ったのは、当時29歳の鈴木葉留彦《すずきはるひこ》だった。正直、私は「なぜだ？」という気持ちになった。そしてベンチに下がって戦況を見つめながら、「どうかこの代打策が失敗に終わりますように」と願った。

結局、鈴木は私の願い通りにダブルプレーに倒れ、チームは一打逆転の好機を逸した。そして9回には阪急ブレーブスに追加点をあげられ、結局5対3でこの試合を落とすことになった。私は内心「ざまあみろ。あのまま俺に打たせればよかったんだ」と思った。

しかし西武球場からの帰り道、私は車を運転しながら「自分があの場面で代打策が失敗に終わるように願っていた」という事実に愕然《がくぜん》とした。これまで自分はどんなときも、常にチームが勝つことを最優先して試合に臨んでいたはずである。113本もの犠牲フライを打ったのも、フォア・ザ・チームに徹した結果である。それがチームの勝利よりも、個人記録のほうに意識が向くなんて、「これはもう引きぎわだな」と気がついたのだ。

14.

中心なき組織は機能しない

人の鑑になれる人間が組織を変える

では一体感に乏しく、個の力に頼った野球をしているチームの体質を変えるにはどうすればいいのだろうか。

実はこれが難しい。なぜならプロ野球選手は、今風に言うと「成果主義」の世界で生きているからである。

プロ野球選手は個人成績を上げれば年俸も上がるし、成績が下がれば年俸も下がる。下がるだけならいいが、下手をするとクビになるリスクもある。だから先発ピッチャーがいくら口では「自分の勝ち星よりも、チームが勝つことが大事です」などと言っていたとしても、内心では誰よりも勝ち星が欲しいのである。

しかし監督としては、自分の成績だけを追い求める選手よりも、フォア・ザ・チームを実践している選手を求めている。そこにプロ野球の世界の背理《はいり》があるのだ。

その点、アマチュア野球はシンプルである。私自身、社会人野球のシダックスの監督を務めたときに実感したのは、誰も個人記録を気にしていないということだ。何割打とうが何本ホームランを打とうが、給料にはまったく反映されないからである。選手はチームが勝つことや、大会に優勝することだけを考えて野球に取り組んでいるし、個人成績ではなくチームに貢献できた選手が周りからも評価される。

だから私は社会人野球の監督経験を通じて、「これが本来の野球のあるべき姿なんだ。野球の原点なんだ」という勉強をさせていただいた。

プロ野球選手についても、クライマックスシリーズや日本シリーズになると、利己主義を捨てて純粋にチームのためにプレーすることができるのだが、ペナントレースでは「チーム」よりも「個人成績」のほうに意識が向いてしまうのである。

ただし選手の意識を変えるのは、難しいことではあるが不可能なことではない。カギを握るのはチームの中心選手、すなわち「エース」と「4番」の存在である。

ではエースとは何だろうか。4番とは何だろうか。

私はそのピッチャーがチームでいちばんの勝ち頭であるからといって、エースとは呼ばない。たとえ20勝をあげたとしても、まだそれだけではエースの条件を満たしているとは言えない。私が考えるエースとは、まず第一に監督が「この試合は絶対に負けられない」と考えている試合に登板し、そして相手打線を抑える投手のことを言う。第二に「チームの鑑となっていること」が条件である。

一方4番についても同じで、チームでいちばんホームランや打点をたたき出しているからといって、それだけでは4番とは呼ばない。私が考える4番とは、まず第一に監督が「ここで打ってほしい」という場面で打席に立ち、そして打つ選手のことである。第二に、エースと並んで「チームの鑑になっていること」である。

かつて近鉄バファローズに鈴木啓示《すずきけいし》という300勝以上をあげたピッチャーがいた。私は彼のことを大投手だとは思う。しかしバファローズのエースであったとは思わない。

バファローズが優勝争いをしていた年のことである。当時は3連戦の初戦に登板した主力投手が、状況によっては第2戦や第3戦にリリーフに出るのは珍しいことではなかった。ところが「ここは当然鈴木を出してくるのだろうな」という場面でも、彼は出てこないのである。

不思議に思った私は、ある日バファローズの西本幸雄監督に、「何で優勝争いをしている大事な試合なのに、鈴木を投げさせないんですか」と訊ねたことがある。すると西本さんは困った顔をして「いや、こっちが投げてくれと言っても、あいつは『俺は絶対に行かない』と言うんだよ」と答えた。「チームのために投げてもし肩を壊したら、誰が補償してくれるんだ」というのが、鈴木の言い分だったらしい。

チームのエースとなるべき選手がこういう考えの持ち主だと、当然ほかの選手たちにも悪い影響を及ぼす。ピッチャーなら自分の勝ち星や防御率、バッターなら打率やホームランにしか興味を示さない選手ばかりになってしまうからだ。

リーダーは常に最高のパフォーマンスを意識する

この話とは対照的なのが、V9時代の読売ジャイアンツである。この時代のジャイアンツは、言うまでもなく王貞治と長嶋茂雄が3番と4番を務めていた。このふたりは記録面でも突出した成績を残しているが、個人成績だけで彼らの功績を語るのは公平を欠く。

王が現役時代、殺気まで感じるようなすさまじい練習をしていたことは前述したとおりである。一方長嶋も「天才」というイメージが先に立つが（事実天才だったが）、その陰では人の何倍も練習をおこなっていた。

私は長嶋については、ある思い出がある。シーズン後に日米野球が開催された年のことだ。当時の日米野球は1シーズンで20試合近くおこなわれていたと記憶している。私も長嶋も王も選手として参加したのだが、そのうち長嶋と王についてはほぼフル出場だった。同情した私は、長嶋に「オフになっても休めないなんて、大変だね」と声をかけた。

すると長嶋はこう答えた。

「休もうなんて思っていないし、休むわけにもいかないんだよ。ノムさん、お客さんは俺たちを見にきてくれているんだ。だから出場するのは俺たちの義務なんだ」

選手にとっては数ある試合のうちのひとつでも、観客にとっては一生に一度の野球観戦かもしれない。地方に住んでいるためにわざわざ休みをとって、球場までやってきてくださった方もいるだろう。だから我々は試合に出なければいけないし、常に最高のパフォーマンスを発揮する必要がある、というのが長嶋の考えだったのである。

王も長嶋もまさしく「チームの鑑」だった。このふたりがこうした姿勢で練習や試合に臨んでいるのに、ほかの選手が手を抜けるはずがない。また「自分だけよければいい」という発想になれるわけがない。

ジャイアンツから南海ホークスに移籍してきた相羽欣厚《あいばよしひろ》という選手が、私にこんな話をしてくれたことがある。

「王さんや長嶋さんは、練習のときも試合のときもいっさい手を抜かないんです。だからみんな思っていたはずです。王さんや長嶋さんがあれだけやるのだから、自分はもっとやらなければいけない、と」

これが当時ジャイアンツが最強のチームであった理由である。「中心なき組織は機能しない」というのが私の持論であるが、王と長嶋が組織の中心として機能し続けたことが、巨人がV9を成し遂げる原動力となったのだ。

中心人物だからこそ鑑としての行動を要求する

王と長嶋がチームの鑑になり得たのは、このふたりが「自分の一挙手一投足をほかの選手が見ている。だからいい加減なプレーはできない」という高い自覚を持って、常に野球に取り組んでいたからだろう。ただし私は本人たちの意識も素晴らしいが、彼らをまとめてきた川上監督の存在も大きかったと思う。

川上さんはONといっても、けっして特別扱いはしなかったと言う。森祇晶によれば、あるときミーティングの場面で、長嶋が筆記用具を用意してこなかったことがあったそうだ。川上さんは怒気を含んだ声で「長嶋君、いますぐペンとノートを持ってきなさい」と叱責したと言う。

「プロ野球の監督にとって、「たとえ中心選手でも特別扱いはしない」というのは大変難しいことである。その選手につむじを曲げられてしまったら、チームの運営自体が成り立たなくなってしまうからだ。だから多くの監督は、中心選手の身勝手な行動に目をつぶることになる。前述したようにあの西本幸雄さんでさえも、鈴木啓示のわがままを正すことはできなかった。また阪神タイガースの村山実《むらやまみのる》は自分の登板日を自分で決めていたと言うし、金田正一さんは国鉄スワローズ時代には、チームが勝ちそうになるとマウンドに登ってほかのピッチャーから勝ち星を横取りすることがあったと言う。

しかし川上さんは、中心選手のそうした身勝手な振る舞いを絶対に許さなかった。むしろ中心選手だからこそ、チームの鑑として行動をすることを要求したのである。そしてプレーにおいては、チームの勝利に結びつくプレーをすることを求めた。

当時のジャイアンツについては、「ONを始め、あれだけのメンバーが揃っていたのだから、誰が監督をやっても日本一になれた」などと言う人もいる。しかしそれは違う。確かに3回や4回なら日本一になれたかもしれない。しかし9年連続で日本一を達成することなど、並の監督にできることではない。

一度日本一になると、チームには翌年必ず緩みが出るものである。それは私が監督を務めていたときのヤクルトスワローズが実証している。スワローズは93年日本一、94年4位、95年日本一、96年4位、97年日本一、98年4位と、見事なまでに日本一と4位を行ききした。選手は監督をよく観察しているものである。監督が気を緩ませると、何も言わなくてもすぐにチーム全体に伝播《でんぱん》してしまうのである。だからこそ私には、川上さんが成し遂げたことがいかに偉業であるかがよくわかる。

私は先ほど、優勝するチームには「優勝するべくして優勝するチーム」と「優勝するにふさわしいチーム」のふたつがあると述べた。確かにV9時代のジャイアンツは「優勝するべくして優勝」できるだけの戦力を備えていた。ただし一方、川上さんは、選手を常に引き締め「優勝するにふさわしいチーム」に仕上げることも怠らなかった。

つまり当時の川上巨人軍は、「優勝するべくして優勝するチーム」であり「優勝するにふさわしいチーム」でもあり続けたわけだ。だから9連覇を達成できたのである。

15. 組織が人を成長させ、人が組織を成長させる

「フォア・ザ・チーム」が人間を成長させる

ヤクルトスワローズの監督に就任したとき、チーム作りのお手本にしたのも川上さんである。

私は、スワローズでも鑑となる選手を作る必要があると考えた。

当時スワローズの主軸を担っていた選手と言えば広澤克実《ひろさわかつみ》と池山隆寛《いけやまたかひろ》である。このふたりは「イケトラコンビ」と呼ばれ、豪快なバッティングで売り出していた。当たればホームランとなるが、そのぶん三振も多い。私には彼らが、チームの状況に関係なく「自分が気持ちよくプレーをすること」を優先しているように見えた。

彼らとしては「お客さんがそれを望んでいるからいいんだ」という気持ちがあったのかもしれない。しかしそれは間違ったファンサービスである。長くスワローズファンを続け

てきた人がいちばん望んでいるのは、チームが強くなり優勝を目にすることだ。

そのためにはこのふたりに「チームの鑑」になってもらう必要がある。中心選手である池山と広澤がフォア・ザ・チームに徹したプレーをするようになれば、ほかの選手たちも自ずからふたりを見習うようになるからだ。

そこで私は「ブンブン丸」こと池山には次のように言った。

「ブンブン丸と呼ばれて豪快なバッティングをするのは、気分がいいことかもしれない。でもそのためにおまえが状況も考えずにバットを振り回してばかりいたら、チームはどうなる？　おまえはスワローズの中心選手なんだぞ。おまえがなすべきことは、チームのために何ができるかを考え、実践することだ」

正直、反発覚悟の苦言だった。池山はスワローズの前監督の関根《せきね》潤三《じゅんぞう》さんのときには、自由にやらせてもらっていた。それが急に私がやってきて「そんな姿勢ではダメだ」と言われたら面白かろうはずがない。

しかし池山は、私の「おまえは中心選手なんだぞ」という言葉をきちんと理解してくれたようである。三振の数自体はさほど目に見えて減ることはなかったものの、状況に応じたバッティングができるようになり、チームへの貢献を優先できる選手に成長したからである。

一方広澤については、私は4番を任せられる選手だと思っていた。彼は自分がミスをした翌日には、自分から特守や特打を志願していたからだ。そういう姿をほかの選手はちゃんと見ていて、「広澤さんはすごいな。自分も見習わなければいけないな」と思うものである。つまりチームの鑑となる資質を広澤はすでに持っていたのである。

だからこそ残念だったのが、彼が打席においては自己本位のバッティングしかしていないことだった。たとえばボールを見極めれば四球で出塁できるようなチャンスのときでも、とんでもないボールを強引に振って三振するようなことを繰り返していた。

おそらく当時のスワローズは弱小球団だったから、広澤は「どうせ優勝は無理だ」とはなから決めつけていたように思う。だからチームの勝利よりも、自分が気持ちよく打つことだけを考えたバッティングをするようになったのだろう。これは弱小チームの主力選手が、しばしば陥りがちな思考である。

そこで私は広澤にこう語りかけた。

「おまえはフォアボールになると悔しそうな顔をするな。フォアボールは嫌いか？」

「はい、あまり好きではありません」

「そうか。だからフォアボールになりたくないために、いつもあんな球に手を出して三振をするんだな」

広澤は困惑したような顔をして、黙ってうつむいた。

「でもな、チームとしてはおまえがフォアボールで出てくれたほうがありがたいんだよ。相手だって、ランナーを出すのは嫌なはずだ。逆にこっちの主砲がくそボールに手を出して三振したら、相手はどう思う？『何だ、スワローズはやっぱりたいしたことはないな』と相手を勢いに乗せてしまうことになるよなあ」

そして私はこう続けた。

「勝てば数百万人のスワローズファンが喜んでくれる。自分が目立つことではなく、勝つことでファンを喜ばせようじゃないか。それがこの仕事の醍醐味なんじゃないのか？」

広澤もまた私の言葉を素直に受け入れてくれた。意識を変えて野球に取り組むようになってくれた。ふたりがチームの鑑となってくれたことによって、ほかの選手たちの姿勢も自ずと変わっていった。

成長した人間が組織を引っ張っていく

こうやって振り返ってみると、ヤクルトスワローズ時代の私は非常に恵まれていたと思う。池山と広澤が「チームの鑑」になってほかの選手を引っ張っていってくれるようになり、守備における監督の分身であるキャッチャーのポジションでは、古田敦也が育ってくれた。

また川崎憲次郎、荒木大輔《あらきだいすけ》、岡林洋一《おかばやしよういち》、高津臣吾、伊藤智仁、石井一久といった投手陣にも支えられた。

特に1992年に、スワローズを率いて初めて日本シリーズに出たときの岡林のピッチングは忘れることができない。このシリーズで岡林は、西武ライオンズを相手に3試合に登板していずれも完投した。延長戦もあったため投球回数は30イニングを超えたが、これは1959年の杉浦忠以来のことだと言う。また3完投は1964年のスタンカ以来だそうだ。「エースとは、監督がこの試合は絶対に負けられないという試合に登板し、そして抑える」という私が考えているエースの条件を、この年の岡林は見事に体現していた。

ただ惜しむらくは、このシリーズでの酷使がたたったのか、投手として短命に終わってしまったことだ。この点については私は監督としておおいに責任を感じている。

またもうひとり真のエースになれる逸材だったのが、伊藤智仁である。伊藤は社会人を経て1993年にスワローズに入団してきた。この年彼はシーズンが始まると、スライダーを武器に圧巻のピッチングを続ける。7月の時点ですでに7勝をあげ、防御率は0・92。私はベンチで彼のピッチングを見ながら、ただ夢中になって見とれてしまうこともしばしばだった。こんなことは長いプロ野球人生のなかでもめったにないことである。

ただ伊藤もやはり故障に苦しんだ。新人の年の7月に肩痛で戦線を離脱すると、その後は現役生活のほとんどが故障との闘いになった。1997年にはストッパーとして復活し、カムバック賞を受賞したものの、新人のときにもう少し私が大切に伊藤を起用していれば、彼の投手寿命も延びていたと思う。申し訳ないことをしてしまった。長期離脱さえなければ、伊藤もおそらく「エース」というチームの鑑として、さらなる貢献を果たしてくれたはずだ。

私は9年間のスワローズの監督生活のなかで、4回のリーグ優勝と3回の日本一を果たすことができたが、これも4番やエースとしての優れた素質と自覚を持った選手たちが、フォア・ザ・チームに徹してくれたおかげである。

組織に「中心」がいないときは、外から連れてくるしかない

これに対してエースも4番もいなかったのが、私がヤクルトスワローズのあとに就任した阪神タイガースだった。

当時、タイガースのエースとされていたのは藪恵壹《やぶけいいち》である。藪は制球力に優れたピッチャーだったが、欠点はせっかちな性格であることだった。味方のちょっとしたミスをきっかけに集中力が途切れ、中盤以降に大量点を奪われることが多かったのである。安定感のなさという点で、真の意味でのエースと呼ぶには合格点には達していなかった。

一方4番については、私の就任1年目にはマイケル・ブロワーズというメジャーリーガーが入ってきた。しかしこの選手はさっぱり打てず、シーズン途中だったにもかかわらず8月には解雇されてアメリカに帰ってしまった。翌年にはハワード・バトルとトニー・タラスコという外国人が入団してきたが、バトルは不振のあまり13試合しか出場しないうちに解雇されるというありさま。またタラスコも打率2割3分9厘、ホームラン19本しか打てず、主軸としてはかなり物足りない成績に終わった。それにしても当時のタイガースの外国人補強は、本当にひどかったと思う。

そこで私が2年目、やむを得ず4番に据えたのが新庄剛志《しんじょうつよし》だった。彼は気分が乗ると実力以上の力を発揮するタイプの選手で、目立つ言動からスターとしての才能を持っていた。そこで私は新庄にチームのムードメーカーになってもらうことを期待して、彼を4番に抜擢したのだ。

ただし「ここで打ってほしいという場面で、確実に適時打を放つ」という本来の4番の役割を担うには、彼では荷が重かった。また4番バッターとしてほかの選手のお手本になることを新庄に求めるのも無理な話だった。

つまり当時のタイガースは、個人成績の点から見ても、また「チームの鑑になる選手」という点から見ても、エースや4番に該当する選手が見当たらなかったのである。

ではチーム内を見渡したときに、真の意味でのエース候補や4番候補がひとりもいないときにはどうすればいいのか。答えはひとつしかない。外から連れてくることである。

これを実践したのが、私の次にタイガースの監督に就任した星野仙一《ほしのせんいち》だった。連れてきた選手は、言うまでもなく金本知憲《かねもとともあき》である。私は先ほど「中心なき組織は機能しない」と述べたが、金本の加入は「中心」のなかったタイガースという組織に「中心」をもたらした。

金本は1492試合連続フルイニング出場の世界記録に象徴されるように、何があっても試合を休まない選手だった。どんな状態でも試合に出続ける金本が入ってきたことで、タイガースのほかの選手たちも甘えが許されなくなった。金本に引っ張られるように、2003年には赤星憲広《あかほしのりひろ》が、2004年には矢野耀大《やのあきひろ》、今岡誠《いまおかまこと》、赤星が、2005年も矢野、今岡、赤星が全試合出場を果たしている。以来少々のことでは試合を休まないことがタイガースの選手の伝統になっていた。

金本のこうした姿勢は、彼の広島カープ時代の経験によるものが大きかったらしい。広島でレギュラーをつかみかけていたとき、彼はあるケガをした。そこで「痛い」とコーチに申し出たところ試合から外され、一時期レギュラーの座を剥奪《はくだつ》されてしまったことがあった。

また高校卒業時には、第一志望だった大学の野球部のセレクションに不合格になり、スワローズの入団テストを受けたものの、これも不合格になった。そして大学を経てドラフト下位でカープに入団するが、入団当初の金本はバッティングも非力で、守備でもしばしばミスを犯し、自分でもクビを覚悟するほどだったという。こうした若いときの苦労や挫折が、金本をここまで意識の高い選手に育てたのではないかと思うのだ。

金本はフォア・ザ・チームのバッティングにも徹していた。相手投手がストライクが入らずに汲々《きゅうきゅう》としているときには、けっして早いカウントから打つことなく待っていた。こうした姿勢はほかの選手も学ぶことが多かったはずである。

金本の存在はひとりの「真の4番バッター」が、いかにチームの体質を変えるかを証明していると言える。金本は「個人競技」をやっていたタイガースの選手たちに、「野球は団体競技である」ことを教えたのである。

功ある者より、功なき者を集めよ

ここまで私は真のエースや4番がチームのなかに存在することが、「優勝するにふさわしいチーム」を作っていくという話をしてきた。

ただし野球はエースや4番だけで成り立つわけではない。4番バッターばかりを集めても優勝できるわけではないことは、長嶋監督時代の読売ジャイアンツが実証している。エースと4番が投げるべきところで投げ、打つべきところで打つ一方で、脇役も脇役としての役割を果たしてこそ、初めてチームは有効に機能する。

その点「名脇役」が揃っていたのが、やはりV9時代のジャイアンツだった。あのころジャイアンツは、柴田勲や土井正三、高田繁《たかだしげる》、黒江透修《くろえゆきのぶ》といったそれぞれの特徴を持つ脇役たちが文字どおり王と長嶋の脇を固め、己に求められている役割をしっかりと果たしていたからこそ、盤石の強さを発揮したのである。

中国の古典の『呉子《ごし》』のなかに「功ある者より、功なき者を集めよ」という言葉がある。私なりの解釈で言うと、「功ある者」とは栄誉を勝ち得た人間、「功なき者」とは栄誉とは無縁の人間のことを言うのだと思う。野球界で言えば4番やエースは「功ある者」だろう。一方2番打者や下位打者、守備固め要員の選手やワンポイントのリリーフピッチャーなどは、「功なき者」と言えるのかもしれない。

ではなぜ『呉子』には「功ある者より、功なき者を集めよ」と書かれているのか。

プロ野球界における「功なき者」たちも、アマチュア時代はチームで4番やエースを担っていた「功ある者」だったはずである。しかしプロ野球の世界には、野球に関する超エリートばかりが集まっている。

するとアマチュア時代には光を放っていても、プロに入れば陰に回らざるを得ない者も出てくる。

たとえばあるピッチャーは、ブルペンに入って1軍のエース級のピッチャーと肩を並べて投げたときに、ボールの速さやキレがエースと自分とではまったく異なることに気づく。「これでは到底自分には勝ち目はない。このままではプロでは通用しない」と彼は危機感を覚える。そこで彼は「たとえ中継ぎでもいいから、何とか1軍に食い込めないだろうか」と考え、必死に制球力を磨く。こうして何とか中継ぎの地位をつかみとる。

こんなふうに「功なき者」のなかには、何度も挫折と己の能力の限界を味わいながら、自力で1軍の舞台に這い上がってくる者が少なくない。そのため彼らはチームに貢献できるのなら、自分を犠牲にすることも厭《いと》わない。だからいざというときに誰よりも頼りになる。『呉子』で書かれている「功なき者を集めよ」とは、そういう意味ではないかと私は思う。

映画の世界と同じで、主役になれないくせに主役意識を捨てきれない中途半端な選手よりは、脇役を求められているのなら脇役に徹しきれる選手のほうが、監督としてはよほど使い甲斐があるし、頼りになるのだ。

役割の重要さを説き、しっかりと評価する

こうした「功なき者」に存分に働いてもらうためには、監督としては、彼らの仕事を正当に評価してあげることが大切になる。

かつて中曽根康弘《なかそねやすひろ》元総理大臣は、「最近の人は光ばかり求めて陰がない」と言った。野球の世界で言えば、みんなが4番バッターのようなバッティングや、エースのようなピッチングをしたがっているということなのだろう。

最近の人が光ばかり求めているのは、おそらく若い人の傾向なのだろう。ただし、もしかしたら今の社会全体が光を放つ者のみを評価し、陰に回る者を軽視する風潮になっているのかもしれない。

プロ野球は究極の成果主義の世界だ。エースと4番バッターばかりが評価される傾向が強い。そして誰もが目に見える数字ばかりを追いかけてしまうのはやむを得ないことである。しかし、それは間違った成果主義、能力主義である。

だからこそ監督は「功なき者」たちに、自分たちの役割の重要さを説き、意欲を持って仕事に取り組むように仕向け、しっかりと評価をしてやる必要がある。

ヤクルトスワローズの監督時代に土橋勝征という選手がいた。土橋は2番バッターとしてつなぎの役割に徹していた。ランナーが塁にいるときには常に進塁打を打つことを意識し、自分が出塁するためにインコースのボールがきても絶対によけなかった。デッドボールが当たっても痛そうなそぶりもせずに、「出塁させてくれてありがとう」とばかりに、平然と1塁に歩いて行く。そして少々のケガでは絶対に休まなかった。

私はスワローズが日本一になったときに、「土橋こそ陰のMVPだ」とコメントした。こういう選手を評価することを私も大切にしてきたのである。

また何度も川上さんのことを持ち上げるようだが、川上さんも脇役の重要性を誰よりも認識していた監督のひとりである。

かつて選手の査定は、バッターの場合はホームランや打率、打点を基準に評価をされていた。

しかし川上さんは、たとえばサヨナラヒットでチームが勝った場面でも、手柄はサヨナラヒットを打ったバッターだけではないと考えた。二塁にいたランナーはもちろん、一塁にいたランナーを進塁打で進めたバッターがいたからこそ、チームは勝てたのである。

そこで読売ジャイアンツでは川上さんが監督のときに、「彼らのことも同等に評価するべきだ」という発想から、選手の査定の仕方が大きく変わったと言う。

川上さんは、「功なき者」の「功あるプレー」を誰よりも評価していた。こういう監督の下であれば、脇役も意気に感じて脇役に徹することができる。V9時代のジャイアンツに多士済々の脇役が揃っていたのは、さもありなんというところである。

第4章

徳は孤ならず必ず隣有り

16.

信じてくれる人がいたから、ここまでやってこられた

自分を支えてくれる人の存在

私は選手としては３０１７試合に出場し、監督としては３２０４試合で指揮を執っている。選手としても監督としても３０００試合以上出場しているのは、日本やアメリカ、韓国や台湾などのプロ野球を見渡しても、私以外にはいないのだそうだ。

ただし私は自分の力で、この記録を達成できたとは思っていない。私のことを信じ、期待してくださる方がいたからどうにかここまでやってくることができた。それどころか私を支えてくださる方がいなかったら、そもそもプロ野球の世界に携わり続けることができていたかどうかさえわからないと思っている。

１９７７年秋、私は南海ホークスを解雇になった。直接の理由は女性問題である。公式戦がまだ2試合残っていたが、球団からは「もう出てこなくていい」と告げられた。こう

して私は、24年間お世話になったホークスのユニフォームを脱いだのである。

正直、「もうこれで自分の野球人生は終わりだな」と思った。当時私は42歳。自分としてはまだ選手としてプレーできる自信はあったが、他者が私をどう評価するかはまた別の話である。では野球評論家や解説者に転進できるかと言えば、スキャンダルにまみれた選手を放送局や新聞社が起用してくれるとは思えなかった。

「これからいったいどうやって生きていこうか」

私は途方に暮れることになったが、そのとき救いになったのが、ホークスの川勝傳《かわかつでん》オーナーが私に対して、「申し訳ない。俺ひとりでは野村君をかばいきることができなかった」とおっしゃってくださったことである。

私はこの解任劇は、もちろん第一には私の不徳が招いたものであるが、裏には球団の勢力争いがあったと考えている。ホークスの元監督の鶴岡一人さんは、監督を退任してからも球団に強い影響力を持っていたが、なぜか私のことを毛嫌いしていた。そこでこのスキャンダルを利用して、私を追い払ったのではないかと思うのだ。

そうしたなかで、川勝さんだけがずっと私のことをかばってくれた。それどころか私を引きとってくれる球団がどこかないか、方々に声をかけてくださったようなのである。

私は結局ロッテオリオンズに移籍することになったが、これも川勝さんの口添えによるものらしい。

私がその後も3年間、現役を続行することができたのは川勝さんのおかげである。

陰が多い人生でも必ず陽が当たるときがくる

そして現役を引退してから9年後。私はもうひとり、私のことを信じ、支えてくださる方と出会うことになる。当時ヤクルトスワローズの球団社長だった相馬和夫さんである。

1989年秋、私の自宅を訪ねてきた相馬さんは、開口一番「来年からうちの監督をやってくれませんか」と言った。私はスワローズとは何の接点もないし、相馬さんとも面識はなかった。それどころか人づきあいが苦手な私は、どの球団のフロントの方ともつながりがなかった。だから現役を引退して以来、「自分に監督の声がかかる」なんてことはまずないだろうと思っていた。そこに突然、相馬さんが私の前に現れて監督就任を要請してきたのである。

「なぜ私なんですか？」

私は純粋な興味から、相馬さんに訊ねた。すると相馬さんは次のように答えた。

「私はテレビの野球中継で野村さんの解説を聞き、サンケイスポーツの原稿も欠かさず読ませていただいています。『この人は本物の野球を知っている』といつも感心していました。ぜひ監督になって、本物の野球をうちのバカどもに教えてやってほしいんです」

私のなかに熱いものがこみあげてきた。こんなことを言われて、心を揺さぶられない人間はまずいないだろう。「よし、やろう。やりたい」という気持ちでいっぱいになった。

しかし一方で私には気がかりなことがあった。スワローズはオーナーの松園尚巳《まつぞのひさみ》さんの考え方のもと、家族主義の球団として知られている。そのため生え抜きの選手をとても大切にしている。ただその一方で「よそ者は入れるな」といった閉鎖的な雰囲気もあった。そうしたなかに、パ・リーグ育ちでスワローズとは縁もゆかりもない私が入っていっていいのだろうかと思ったのである。

しかし私の不安に対して、相馬さんはきっぱりとこう言った。

「大丈夫です。私が責任をとります」

のちに相馬さんから聞いた話では、私の監督就任についてはヤクルト本社の役員陣全員から反対されたそうだ。「あんな暗い男はうちのチームカラーに合わない。それに監督としての実績もないし、パ・リーグ育ちじゃないか」というのが主な反対の理由である。しかし相馬さんは、並み居る役員陣を前にして、「もしこの監督人事が失敗に終わったときには、野村さんと一緒に私も球団社長を辞めます」と言い切ったのだそうだ。つまり相当の覚悟を持って、私に声をかけてくださったのである。

それにしても、なぜ相馬さんはそこまで私に惚れてくれたのだろうか。

私の人生の分岐点でさまざまなアドバイスをくださった評論家の草柳大蔵《くさやなぎだいぞう》さんが、かつて「世の中には、物事が見えていない人が1000人いますが、見えている人も1000人います」という言葉をかけてくれたことがある。

私はお世辞も言えなければ、人に頭を下げることも苦手な人間である。だから処世術に長けた人と比べれば、損をすることも多い。そんな私に草柳さんは「でも野村君、どんな仕事にしても、信念を持って真剣に取り組んでいれば、見ている人は君のことを見てくれているものだよ。陰が多い人生でも、必ず陽が当たるときがきます」と言ってくれたのである。あのとき草柳さんがおっしゃったとおり、見てくれていた人が確かにいた。それが相馬さんだったのだ。

「徳は孤ならず、必ず隣有り」。これは孔子の言葉である。私は自分のことを「徳」のあ

郵 便 は が き

切手をお貼りください

170-8457

東京都豊島区南大塚
2-29-7
KKベストセラーズ
書籍編集部行

おところ 〒

TEL ( )

(フリガナ)
おなまえ

年齢 歳
性別 男・女

ご職業
会社員（事務系、技術系）
公務員（事務系、技術系）
教 職（小、中、高、大、その他）
無 職（主婦、家事、その他）
学生（小、中、高、大、その他）
自営（商、工、農、漁、医、その他）
自由業（ ）
その他（ ）

ご勤務先または学校名

愛読者カード

このハガキにご記入頂きました個人情報は、今後の新刊企画・読者サービスの参考、ならびに弊社からの各種ご案内に利用させて頂きます。

●本書の書名

●お買い求めの動機をお聞かせください。
1. 著者が好きだから　2. タイトルに惹かれて　3. 内容がおもしろそうだから
4. 装丁がよかったから　5. 友人、知人にすすめられて　6. 他の本の広告で見て
7. 新聞広告（朝、読、毎、日経、産経、他）　8. その他（　　　　　　　　）

●定期的にお読みになっている雑誌名をお聞かせください。
（　　　　　　　　　　　　　　　　　　　　　　　　）

●月何冊くらい本を読みますか。
（　　　　　冊）

●本書をお求めになった書店名をお聞かせください。
（　　　　　　　　　　　　　　）

●最近読んでおもしろかった本は何ですか。
（　　　　　　　　　　　　　　　　　　　　　　　　）

●お好きな作家をお聞かせください。
（　　　　　　　　　　　　　　　　　　　　　　　　）

●お読みになりたい著者、テーマなどをお聞かせください。

●本書についてご意見、ご感想をお聞かせください。

る人間であるとはとても思っていないが、それでも手を抜かずに真摯に物事に取り組んでいれば、必ず自分を助け、支えてくれる人が現れるものなのである。

信じてくれる人の下でこそ能力は発揮される

私の長い野球人生のなかでもっとも幸福で充実していたのは、迷うことなくヤクルトスワローズで監督を務めた9年間である。というのは私が監督に就任してからも、相馬さんは私のことを全面的に信頼してくれていたからだ。

就任初年度の1990年、スワローズは5位の成績に終わった。前年は4位だったから、私が監督を引き継いでから順位をひとつ下げたことになる。そのため相馬さんはヤクルト本社の役員陣から、「監督が野村になっても、全然強くならないじゃないか」という非難をずいぶん受けたらしい。

しかし相馬さんは、私に対してはこう言ってくれた。

「万年Bクラスのチームが、1年やそこらで急に強くなるとは思っていません。でも大丈夫です。徐々にではありますが、選手たちの意識は変わってきていますし、戦力も整いつつあります。このまま続けてください」

私は「信は万物の基を成す」と思っている。自分のことを全面的に信じてくれる人の下であれば、人は安心して己の能力を奮うことができる。逆に信じてもらえず、常に横槍が入っているようでは、持っている力の半分も発揮することはできないだろう。私がキャンプのときに「野村時間」を設けて選手への人間教育から始めたり、ID野球を標榜してデータを活用した野球を展開したりといったように、自分が目指すチーム作りや野球を思うがままにできたのも、相馬さんが私のことを信頼してくれていたからである。

よくビジネス書などには、「部下に能力を発揮してもらうためにはどうすればいいか」といったことが論じられているが、実は存外単純なことなのかもしれない。その部下のことを信じているのであれば、そのまま信じて託せばいいのである。そして最後の責任は自分もとる。私は相馬さんから託されて、自分の力を発揮することができた。

組織強化にはビジョンの共有が重要

また当時のヤクルトスワローズは、私たち現場と編成部の間でも強い信頼関係を築くことができていた。ちなみに編成部とは、選手のスカウトや補強を担当する部門である。チームの強化は、選手の「補強」と「育成」が両輪になる。「補強」を担うのが編成部であるのに対して、「育成」を担うのは私たち現場であり、その責任者が監督である。

現場にどんなに育成能力があったとしても、編成部が高い潜在能力を持った選手を獲得してこないとチームは強くならない。逆に編成部がどれほど良い選手をとってきても、現場に育成能力がなければやはりチームは強くならない。

また現場と編成部が、同じ方向を向いていることも大切である。現場が即戦力のピッチャーを欲しがっているのに、編成部では高校生の外野手をドラフト1位で指名するべくマークしているというのでは、ちぐはぐな補強しかできなくなる。

そうならないためには、監督が編成部に対して今のチームの状況と自分が目指す野球をしっかりと説明し、チーム作りのビジョンを共有することが重要になる。そういう意味では当時のスワローズは、現場と編成部の間で緊密な連携がとれていた。

私が志向するのは、守り重視の野球である。野球は相手を0点に抑えることができれば、絶対に負けることはないからだ。そのため私が補強において最優先したのは、大学出や社会人出の即戦力ピッチャーの獲得だった。9年間の監督生活のなかでも、まだスワローズの戦力が十分に整っていなかった時期には、特にこの方針を貫いた。

ちなみに高卒ピッチャーに関しては、田中将大や松坂大輔といった入団後確実にエース級として活躍できるレベルに達しているごく一部のピッチャーを除けば、ドラフト1位での獲得は見送るように編成部には進言していた。「超高校級」などと言われてプロ入りしたものの、ほとんど活躍できずに野球界を去っていった高卒選手をこれまで嫌というほど見てきているからだ。つまり高卒選手の場合は、確かに化ければ大きいかもしれないが、未知数の要素が多すぎるのだ。そのためたとえ伸びしろは少なかったとしても、確実に計算できる大学出や社会人ピッチャーを優先したのである。

こうしてスワローズでは私が1989年秋に監督に就任して以降、西村龍次《にしむらたつじ》（1989年入団）、岡林洋一（1990年）、伊藤智仁（1992年）、山部太《やまべふとし》（1993年）といった大学・社会人出のピッチャーを次々とドラフト1位で獲得した。いずれも入団後、投手陣の柱として即戦力で活躍してくれたピッチャーばかりである。ちなみに1991年には高卒の石井一久をドラフト1位で指名したが、これは石井が「ドラフト1位は大学・社会人出の即戦力ピッチャー」という原理原則を外してでも、獲得したいピッチャーだったからである。

現場と編成部がひとつにならなければ、チームの強化はままならない。私が監督を務めていたときの阪神タイガースは、「現場と編成部がひとつになっていない」典型例だった。スワローズのときと同じように、私は編成部に対して「大学・社会人出の即戦力ピッチャー」をドラフト1位でとってくれるように要望したが、1年目に指名したのは高校生の藤川球児《ふじかわきゅうじ》だった。藤川はその後タイガースのクローザーを担うようになるが、1軍に定着したのは6年目の後半である。即戦力ピッチャーとはとても言えなかった。そして監督2年目のドラフト1位は内野手の的場寛壱《まとばかんいち》だった。

意思疎通がうまくいっていないチームでは、現場は「どうしてこちらが求める選手をとってくれないんだ」という不満を編成部に対して持ち、編成部は現場に対して「何でちゃんと選手を育ててくれないんだ」という不満を抱く。こうしてますます両者の溝が深まっていくことになる。これは一般企業でも、たとえば商品の開発部門と営業部門などとの間でよく起きがちなことではないだろうか。

部門間の信頼関係が構築できていない組織は、絶対に強くならない。まさに「信は万物の基を成す」なのである。

17.

「見せかけの信頼」も「真の信頼」に変わる

信頼関係には「情」も必要

楽天イーグルスでの4年間の監督生活も、充実していたヤクルトスワローズ時代とは対照的だった。私はついに4年間、「自分はオーナーや球団代表から信頼をされている」という実感を一度も得ることができなかった。

そして突きつけられたのが、2009年秋の「クビ宣告」である。

この年、イーグルスはレギュラーシーズンで球団創設以来初の2位になり、クライマックスシリーズ出場を果たした。私がイーグルスの監督を引き継いだのは2006年のことだが、その前年は38勝97敗1分という断トツの最下位に沈んでいた。他球団からの寄せ集めによって構成された選手は、技術面でも意識面でもとてもプロのレベルに達しているとは言えなかった。それを4年間でクライマックスシリーズに出場できるだけの戦力に引き上げたのだから、しかるべき評価をしてくれてもよかったはずである。

しかし球団が下した決定は「野村克也は解任」というものだった。私は長年プロ野球の世界に関わってきたが、成績が上がったのに解任されるというのは前代未聞のことである。

しかも解任を告げるタイミングも最悪だった。私が米田 純《よねだじゅん》球団代表から「来シーズンは契約を結ばない」ことを宣告されたのは10月11日、レギュラーシーズン最終戦の試合前のことである。これからクライマックスシリーズを勝ち抜き、日本シリーズを戦おうとしている指揮官に対して、なぜわざわざこの時期を選んで解任を通告したのか、私には理解できなかった。

イーグルスのフロントが私に対しておこなったことを一言で言えば、「情がない」ということに尽きる。解雇通告を受けた直後、私は球団の人間に「俺の手腕についてはどう評価しているんだ?」と訊ねた。それに対する球団の答えは、「それは関係ありません。あくまでも契約です」というものだった。

イーグルスは、売上げや利益率といった数字だけで物事を判断して人をコマのように動かす、典型的な現代企業であるように私には思えた。そして「契約期間の終了」を理由に冷たく人を切る。これでは信頼関係を構築できるわけがなかった。

ちなみに今ではイーグルスも球団社長が交代し、球団の体質もかつてとは変わってきているのかもしれないが、少なくとも私がいるときのイーグルスはそうだった。

ただし球団のオーナーや社長と監督の間の信頼関係が希薄になっているのは、イーグルスに限ったことではないと思う。

間違った成果主義は組織を弱体化させる

かつてプロ野球では、監督がひとつの球団で長期間にわたって指揮を執るのはけっして珍しいことではなかった。私のボスだった鶴岡一人さんは何と南海ホークスで23年間も監督を務めたし、川上哲治さんは読売ジャイアンツで14年間、水原茂《みずはらしげる》さんもジャイアンツで11年間、西本幸雄さんは阪急ブレーブスで11年間、上田利治さんもブレーブスで15年間監督の座にあった。

これはオーナーや球団社長が監督のことを信頼していて託していたから、これだけの長期政権が可能になったのである。長年チームを率いていれば、当然優勝できない年もあるし、Ｂクラスに転落する年もある。また弱小球団の監督を任された場合は、優勝争いに食い込めるチームにするためには数年単位の時間がかかるものだ。しかしオーナーや社長が、監督の目指す方向性を正しく理解して信頼してくれていれば、監督は短期的な成果にとらわれることなく、安心して戦力の強化に取り組んでいくことができる。すると長い目で見れば安定的な成績を維持することが可能になる。

ところが最近は、ちょっと結果が出なければすぐに解任されるのが当たり前の時代になっている。監督を信頼し、監督のビジョンのもとにチームが強くなっていく過程を待つだけの余裕がオーナーや社長になくなってきているのだ。球団と監督の関係が、信頼をベースにしたプロセス重視主義から、結果至上主義へと変質してしまったのである。

すると監督も若手に出場機会を与えながらコツコツと育てていくことよりも、すぐに結果を出すためには、FAによる選手獲得や外国人補強を優先せざるを得なくなる。今はチームが優勝を金で買う時代である。かつてブレーブスや近鉄バファローズを率いた西本さんや、ヤクルトスワローズを率いた私のように、「ひとりの監督が時間をかけて精魂込めて作り上げてきたチーム」がリーグ優勝を果たし、日本シリーズに出場するケースがめっきり少なくなってしまったのはそのためである。何とつまらないことだろう。

もちろん、なかには「優勝を金で買えるのなら、それでいいじゃないか」という人もいるかもしれない。しかし金によって手に入れた強さは一時的な強さに過ぎない。監督が長い目でチーム作りをおこなったケースとは違って、少しでもお金を投ずることを怠ると、短期間で脆《もろ》くも崩れ落ちてしまうものである。それはけっしてチーム作りの健全な姿とは言えないはずである。

信頼することは同時に信頼されることでもある

「信は万物の基を成す」とは、監督と選手の間でも成り立つ言葉である。

相馬さんが私のことを全面的に信頼してチームを託してくれたように、私もまた選手を起用するときには、「俺はおまえのことを信頼している。だからこんな大事な場面でおまえを使うんだぞ」という態度を見せるようにしていた。先発ピッチャーに対して、「今日のこの試合はおまえに任せた。負けてもいいから、おまえが持っている力をすべて出し切れ」と話したうえでマウンドに送り出したこともあった。

すると選手も人の子である。「そこまで監督が自分のことを思ってくれているのなら」と意気に感じて、こちらの期待以上の活躍をしてくれることがあるものだ。

ただし本心では、監督が試合のすべてを先発ピッチャーに任せているわけではない。それは当然のことである。たとえそのピッチャーのことを信頼していても、いざ試合が始まったら何が起きるかわからない。だから監督はあらゆる事態を想定して、「こういう展開になったら、あいつに代えてこのピッチャーをリリーフに出そう」といったように、あらかじめさまざまな備えをしておく必要がある。そうでないと試合には勝てない。

だからそういう意味では信頼といっても「見せかけの信頼」なのだが、もちろん選手に対してはそんな素振りはみじんも見せてはいけない。「監督は俺に全幅の信頼を寄せてくれているんだ」と思わせてこそ、選手のなかに自信と責任感と意欲が湧いてくるからだ。

選手が監督からの信頼を意気に感じてプレーをすれば、自ずと結果も伴ってくる場合が多い。また監督も一度「おまえを信頼している」という態度を見せたとしたら、少々失敗が続いても使い続けることが大事である。そうしたなかで選手に本当に力がついていき、最初は見せかけだった信頼が、真の信頼に変わっていくからだ。

一方で監督は、「自分が選手を信頼する」と同時に「選手に自分のことを信頼してもらう」必要もある。

選手は監督のことを本当によく見ているものだ。そして前任者と比較して、「前の監督はこうだったけど、今度の監督はこの程度か」とか「この監督は前の監督よりも数段いいぞ。信頼できるな」といったように判断を下す。

試合における監督の仕事は、作戦を立て、選手を起用し、選手に指示を出しながらチームを勝利に導くことである。選手からの信頼が得られていれば、選手は監督が立てた作戦や選手起用、指示を全面的に信用して戦ってくれる。すると自ずから結果もついてくる。そして選手はますます監督を信頼するようになる。

逆に選手から不信感を持たれると、選手は監督が立てた作戦や選手起用、指示に疑問を抱きながらプレーをする。すると当然結果が伴わないことが多くなる。そのためますます選手は監督に不信感を抱き、両者の距離が離れていくわけだ。

ただし難しいのは、監督がいくら「自分が目指す野球像」を選手たちに示したとしても、急に結果は出ないということだ。事実私の場合も、ヤクルトスワローズでの就任初年度の成績は5位に終わったし、楽天イーグルスでも1年目は6位から浮上することができずに終わった。

そこで大切なのは、たとえ最初のうちは結果に結びついていかないとしても、「この監督についていけば、いずれ勝たせてくれる」「この監督の言うとおりにやっていれば、必ず結果が出る」と、いかに選手に思ってもらえるかどうかである。

そのためにはどうすればいいか。監督に就任した早い段階で「なるほど、今度の監督はすごい」と選手に感じさせられるかどうかがカギを握る。

自分の考えを根づかせたいなら、自分も変わる

私はそのことをブレイザーから学んだ。私が南海ホークスのプレーイング・マネージャーに就任したとき、ブレイザーをヘッドコーチに据えたのは前述したとおりである。私がブレイザーを招聘《しょうへい》したのは、それまでのホークスに欠如していた「考える野球」を根づかせたかったからである。


ブレイザーはキャンプ初日から、その卓越した野球理論や知見を選手たちに披露した。キャッチャーのサインと連動した内野の守備陣形、中継プレーにおけるカットマンの役割、ヒットエンドランのサインが出たときにバッターが心がけるべきこと……。そうした野球理論は、それまでホークスの選手たちが意識したことすらなかったものだった。

とはいえ最初のうちは選手たちにも抵抗感があったに違いない。人間は変化よりは現状

維持を好む生き物だからだ。しかしブレイザーの野球理論には、変化に対する抵抗感をはるかに上回る魅力があった。「よし、ここはひとつ野村さんとブレイザーのことを信じてついて行ってみるか」と思わせるものがあったのである。

そのため私はヤクルトスワローズの監督に就任したときにも、「選手から信頼を勝ち得るかどうかは、最初のキャンプが勝負になる」と考えた。そこでミーティングなどを利用して、私の野球に対する考え方を徹底的に選手に教え込んだのである。

ちなみに当時のスワローズは、アメリカのアリゾナ州ユマでキャンプを張っていた。ユマは周囲を砂漠に囲まれた何もない街である。わざわざ外出禁止令を出さなくても、選手は遊びに行けるところがどこにもない。そんな環境のなかで、24時間野球漬けの生活を送れたのも良かったと思う。

もちろん自分がチームに根づかせたい「目指す野球像」は、キャンプが終わったあとも繰り返し何度も選手たちに説く必要がある。キャンプが知識を学ぶ場であるとすれば、試合は学んだ知識を実践する演習の場であると言える。選手たちは実際にペナントレースを戦うなかで、「なるほど、監督がやりたい野球とは、こういうことなんだな」ということを次第に理解していったはずである。

私は今の時代の監督は、鶴岡一人さんや私がホークスでプレーイング・マネージャーをやっていた時代と比べると大変だろうなと思う。鶴岡さんの時代は「気合いだ、根性だ」と言うだけでも選手たちはついてきてくれた。また私がホークスのプレーイング・マネージャーだったときには、メジャーの野球理論をチームに持ち込むだけでも、選手たちは新鮮さを感じ食いついてきてくれた。

しかし現代は、最新の野球理論に関する情報を誰でもすぐに入手できる時代である。少々のことでは選手は感動しない。「そんな理論は昔の話だ」とか「そんなことはもうわかっているよ」などと思われてしまう。

だから監督も常に勉強し、日々成長しなくてはいけない。また単に知識の受け売りではなく、ほかの人が見えていないこと、気づいていないことに気づき、選手に示すことも求められる。つまり監督もまた感性や思考力を研ぎ澄ませておく必要があるのだ。

もちろん毎日新しい視点を指し示すことは困難である。でも1カ月に一度でもいいから、「ああ、やっぱりこの監督は違うな」と思わせるひと言が言えるかどうかが大事なのだ。

これは野球界に限らず、今の時代のあらゆる分野のリーダーに共通して求められていることだと思う。

18. 本当の勝負とは「知力と知力」の戦いである

大切な場面でこそギリギリまで思考する

野球は頭を使ってすれば勝てるし、頭を使わなければ負ける。

その原理原則を最後の最後で思い知らされた試合がある。２００９年10月21日におこなわれたクライマックスシリーズ第2ステージ第1戦、楽天イーグルスが日本ハムファイターズと戦った試合である。

この年、レギュラーシーズンを2位で終えたイーグルスは、クライマックスシリーズ第1ステージでソフトバンクホークスを2連勝で撃破。第2ステージにコマを進めた。

第2ステージでは、レギュラーシーズンの1位チームであるファイターズに1勝のアドバンテージが与えられていた。だからイーグルスとしては、勝負を五分五分のものにするためにも初戦を勝つことが必須となった。

ファイターズの初戦の先発ピッチャーは武田勝。そう、社会人野球のシダックス時代の私の教え子である。武田はプロに入ってから、横に大きく曲がるスライダーにも磨きをかけていた。2009年のイーグルス打線はこの武田のスライダーに大いに苦しみ、シーズン中は6回対戦して1度しか勝てずにいた。

そこで私はクライマックスシリーズでの武田との対戦にあたって、打撃陣に策を与えた。武田がカウントごとにどういう配球をするかをデータをもとに徹底的に分析したうえで、「スライダーには手を出さず、ストレートがくる確率が高いカウントでバットを振っていけ」と指示を出したのである。

この作戦は見事に的中し、イーグルス打線は武田を7回でノックアウトすることに成功する。まさにデータをもとにした頭を使った野球をすることで、武田を攻略することができたのだ。

そしてイーグルスは8対4と4点をリードして、9回裏を迎えた。この回マウンドに送ったのは、この年抑えを任せていた福盛和男《ふくもりかずお》である。

だがこの日の福盛は球に勢いがなかった。連打を浴びて1点を返され、なお1死満塁。ここで打席に迎えたのはスレッジだった。スレッジは当たれば一発がある長距離打者だが、私から見れば隙の多い打者でもあった。不用意にストレートを投げてしまったらスタンドに持っていく力があるが、フォークボールを投げるとものの見事に空振りをする。だから私は試合前のミーティングでは、「スレッジに対してはストレートは見せ球でしか使ってはいけない。フォークボールで勝負しろ」という指示をバッテリー陣に入念に与えていた。

福盛は初球、フォークボールから入った。スレッジはこちらの思惑通りに空振りをした。

「よし、それでいい」と、ベンチにいた私はうなずいた。

ところが2球目、長い間合いをとった福盛は、何とキャッチャー・中谷仁《なかたにじん》のサインに首を振ったのだ。その瞬間、私は体中から血の気が引くのを感じた。

「いかん、こいつはストレートを投げるつもりだ」

そして福盛は私の悪い予感通りに外角寄りの低めにストレートを投じ、そのボールをスレッジにレフトスタンドに持っていかれてしまったのである。

万事休すである。9対8。サヨナラ逆転満塁ホームランによる敗北だった。この敗戦で完全に形勢が不利になったイーグルスは、結局その後も流れを変えることができず、1勝4敗でシリーズを終えることになった。そして私もこのシリーズを最後に、イーグルスのユニフォームを脱いだ。そういう意味でも忘れられない敗北になった。

福盛としては「理屈はわかっている。でもストレートで勝負したい」というピッチャーの本性のようなものがうずいてしまったのかもしれない。しかしどんなに大切な勝負の場面でも、いや大切な場面だからこそ、人はギリギリまで思考を途切れさせてはいけない。私にとっては「ほらね。考えない野球をしてしまったら、勝つことはできないんだぞ」と、最後の最後で野球の神様に教えてもらったような試合になった。

「力と力の勝負」には進歩がない

私は最近野球界でよく言われるようになった「力と力の勝負」というやつが嫌いである。「力と力の勝負」とは、ピッチャーは自分が投げられる目いっぱい速い球を投げ、バッターはそのボールを全力で打ち返すというものである。しかし私に言わせれば、そんなものは単なる「投げ損じと打ち損じの野球」に過ぎない。大事な場面で「投げ損じと打ち損じの野球」をしたがる選手たちの神経が信じられない。

優れたプロ野球選手の条件は、体力・気力・知力の3つが揃っていることである。「力と力の勝負」というのは、このうち知力を省いて、体力と気力だけで勝負をしようというものだ。つまりプロ野球選手以前のレベルで、ピッチャーとバッターが対決しているわけである。

以前ジャイアンツにいた清原和博《きよはらかずひろ》が阪神の藤川球児と対戦したときに、藤川が勝負どころでフォークボールを投げて三振をとられたことに対して、「おまえ、それでもキンタマついてんのか！」と激高したのは有名な話である。しかしこれは勘違いもはなはだしい。清原クラスのバッターに対して、バッテリーがストレートで勝負しないのは当たり前のことである。ストレートはあくまでも見せ球に使い、勝負球には変化球を用いる。これが配球のセオリーだ。

そこで変化球に翻弄されたバッターは、どうすれば変化球が打てるようになるかを必死に研究し、苦手克服に打ち込むようになる。またバッテリーの配球を分析し「読み」の精度を高める努力をする。一方バッテリーも、相手バッターが配球を読むようになってきたら、今度はその裏を読む配球でバッターを打ちとろうとする。こうした「知力」と「知力」を尽くした戦いが本来の野球の面白さであり、奥深さである。

ところが清原は、どんな場面でもストレートを待っていた。その結果変化球に対応できず、空《むな》しくバットが空を切る場面を私は何度も見てきた。

おそらく彼は、天性の素質だけで野球をやってしまったのだと思う。本来清原は、その才能を持ってすればホームラン王や打点王を何度とってもおかしくない選手だった。それが結局新人王のタイトルを除けば無冠の帝王で終わってしまったのは、「考える野球」を最後までしようとしなかったからだ。

もしかしたら清原にとっては新人王をとり、順風満帆にプロ野球人生をスタートさせたことが、かえってあだとなったのかもしれない。新人の年、清原は高卒ルーキーとしてはいずれも史上最高となる打率3割0分4厘、31本塁打、78打点をマークした。だがもし彼がこのとき壁にぶち当たっていたとしたら、「高校時代とは違って、プロの世界では天性の素質だけでやっていくことはできないんだ」と気づいたことだろう。するとその後の野球に対する彼の姿勢もまったく違ったものになったはずだ。つまり清原はもっと若いときに苦労をするべきだったのだ。

これは指導者の責任も大きいと思う。清原が新人のとき、西武ライオンズの監督を務めていたのは森祇晶だった。そこで私は森に何度か「清原をあんなふうにしたのはおまえだぞ」と詰問したことがある。私が田中将大の育成を巡って悩んだように、1年目からいきなり主力級の活躍をする高卒ルーキーについては、新人時代をどう過ごさせるかが非常に大切になる。だから指導者は、慎重に彼らと接しなくてはいけない。彼らは確かに野球選手としては卓越したセンスを持っているかもしれないが、精神的にはまだ子どもだからだ。

話がやや脱線したので引き戻すと、私が野球界に対して危惧しているのは、清原の考えに代表されるように、「力と力の勝負」などというものが褒めたたえられるような風潮になっていることである。この数十年の間に野球理論は大きく進化したはずなのに、その一方で監督や選手の思考力は低下しつつある。

野球が単に力と力の勝負になってしまったら、力のない者には勝ち目はなくなる。力のない者でも「思考」を働かせることで強者にも勝ち得ることが野球の面白さであったはずなのに、その妙味が失われつつあるように思えてならないのだ。

「知力と知力の勝負」が人間を磨く

私自身の野球人生を振り返っても、ライバルたちとの単純な「力と力の勝負」ではなく「知力と知力の勝負」が、己の野球人としての力量を磨いていった。

たとえば当時、西鉄ライオンズのエース、稲尾和久との戦いがそうだった。

私がピッチャーのクセを見抜いたり、配球を読むことで、苦手だった変化球打ちを克服したことは前に話したとおりである。しかし私は稲尾については、どうしてもクセを見抜くことができなかった。どんな球種を投げるときにも、フォームが同じに見えたのである。そのため私はある時期から、稲尾にほぼ完璧に抑えられるようになっていた。

稲尾は見た目にはそれほど速い球を投げていたわけではない。当時スピードガンがあったとしても、せいぜい145キロ程度だっただろう。だが実際にバッターボックスに立ってみたときの体感速度は、見た目よりもずっと速かった。

また変化球、とりわけスライダーは、ストライクゾーンをよぎって大きくボールゾーンへと曲がるため、これも容易に打ち崩すことができなかった。私が現役時代に対戦したなかでは、もっとも手強《てごわ》いスライダーを投げるピッチャーだったと断言できる。

さらに稲尾は「針の穴に糸を通すがごときコントロール」という形容が大げさではないほどの制球力を持っていた。

稲尾についてはこんなエピソードがある。彼は試合が始まると、まず外角低めギリギリにストレートを投げる。それを審判が「ストライク」と判定すると、次に稲尾は前の球よりもボールひとつぶん外角に外してストレートを投げる。それを再び審判が「ストライク」と判定したら、またボールひとつぶん外角に外してストレートを投げる。といったようにボールひとつぶん外すことを繰り返しながら、その日の審判のストライクゾーンを確認していった。

審判は稲尾のボールのキレがあまりにいいものだから、本来ならボールゾーンの球についてもつい「ストライク」と言ってしまう。すると審判はストライクと言ってしまった手前、同じコースにきた球を「ボール」と判定することはできなくなる。こうして稲尾は、審判のストライクゾーンを本来よりも広げるという芸当をやっていたのだ。

ただし稲尾もプロに入団したころは、けっしてコントロールがよかったわけではないそうだ。同期入団に自分よりも速いボールを投げるピッチャーがいて、彼のピッチングを見たときに、「球の速さだけでは自分は勝つことはできない」と稲尾は考えた。そこで自らバッティングピッチャーを志願して投げることで、コントロールを磨いていったのだといういう。つまり稲尾も、天性の素質だけで勝負していたわけではないのである。

さてでは私は、クセも見当たらず、球のキレも制球力も抜群に優れている稲尾をどうやって攻略したのか。

「それでも何か絶対にクセはあるはずだ」

と、私は考えた。そこで知り合いに頼んで、稲尾が試合で投げる姿を16ミリフィルムに撮ってもらったのである。何しろ当時は、家庭用のビデオテープはもちろん8ミリフィルムもなかった時代だから、映画の撮影に用いる16ミリフィルムで撮るしかなかったのだ。そして私は稲尾のピッチングを文字どおりフィルムが擦り切れるほど何度も見た。

その結果、ようやく私は稲尾のあるクセに気づいた。ワインドアップで振りかぶったときに、ボールの白い部分がわずかに見えたときには100％インコース、見えないときにはインコースにはこないことがわかったのだ。ということは、インコースにくるときにはシュートを打つ準備をしておけばいい。またアウトコースにくるときには、ストレートかスライダーに狙いを定めておけばいいわけだ。

新たな闘志を湧き起こした知力戦

こうして私は稲尾の攻略に成功した。私の稲尾に対する打撃成績は急激に上がっていった。稲尾としてはある日突然急に私に打たれるようになったものだから、「いったい何が起きたんだろう？」とマウンド上で不思議そうな顔をしていた。

ところが幸福な時間は長くは続かない。オールスターのときに、私と稲尾と杉浦忠の3人でダッグアウトに座って雑談をしていたときに、何と突然杉浦が「なあサイちゃん、野村はサイちゃんのピッチングフォームを16ミリフィルムに撮って研究しているんだぜ。勉強熱心な奴だろう」と種明かしをしてしまったのだ。ちなみに「サイちゃん」というのは稲尾のニックネームである。

それまで楽しそうに雑談をしていた稲尾の顔つきが、見る見る変わるのがわかった。私は杉浦に対して「こいつは何てことを言うんだ」と思ったが、彼の性格から悪意があって言ったわけではないことはわかっていたので、黙っていた。

忘れられないのは、オールスター戦後、初めて稲尾と対戦したときのことである。振りかぶったときにボールの白い部分が見えたので、私は「内角だ」と判断した。ところが稲尾が投じたのは、外角のスライダーだったのだ。わずかな期間で、見事にクセを修正していたのである。稲尾はマウンド上で私の顔を見ながら、「どうだい、ノムさん」という感じでニヤッと笑った。

「やられた」と感じると同時に、「それならそれで……」とすぐに新たな闘志が私のなかに湧き起こってきた。「相手が対抗策を講じてきたなら、こちらはさらにその上を行けばいいだけだ」と思ったのである。

「知力」と「知力」を戦わせるとはそういうことである。私と稲尾はその後も好敵手として、互いの思考を読み合いながら、手の内を隠し、時にはわざとさらけだし、数々の好勝負を繰り広げていった。

感性を研ぎ澄まし、思考し、判断する

また私はキャッチャーとしては、阪急ブレーブスの福本豊《ふくもとゆたか》との対決が思い出深い。

福本と言えば当時のプロ野球界を代表する盗塁王だった。入団2年目の1970年に初めて盗塁王になると、1982年まで13年連続で盗塁王の座を維持し続けた。1972年にはプロ野球史上最高記録のシーズン106盗塁を記録。また通算でも日本歴代1位の1065盗塁を達成している。2位の広瀬叔功が596盗塁であることを見れば、彼が残した記録がいかに途方もないものであるかがわかるだろう。

福本はバッターとしても常に3割前後をキープする好打者であり、塁に出ればかなりの確率で走った。つまり福本に単打やフォアボールを許すことは、二塁打を打たれるのと同

じだったのである。

あるとき私は福本に「盗塁とは何か」と質問したことがある。その答えに、私は思わずうなってしまった。彼は間髪入れず「ノムさん、それは眼ですよ」と言い切ったからだ。「眼」とはすなわちピッチャーのクセを盗むということだ。このピッチャーは次にバッターに投球をするのか、それともランナーに牽制球を投げてくるか。塁上の福本はピッチャーの微妙なしぐさの違いに感性を研ぎ澄ませ、思考を働かせて判断していたのである。

私もまたバッターとしては、ピッチャーのクセを見抜き、バッテリー心理を読み、配球を予測することを大切にして打席に入っていた。それと同じことを福本はランナーとして塁上でやっていたのだ。実は福本は、私が稲尾に対してやっていたのと同じように、ピッチャーのモーションを8ミリフィルムに撮って研究していたのだと言う。福本の足は確かに速い。しかしけっして能力だけに頼ってプレーをしていたわけではなかったのである。

しかし感心してばかりもいられない。福本は私にとっては敵チームの選手である。彼の盗塁を封じ込める策を何とか考えなくてはいけなかった。福本が台頭してきた当時、すでに私は30代後半になっていた。今さら肩を強くすることは不可能であり、むしろ肩の衰えをどうほかの面でカバーしていくかを考えなくてはいけない年齢に入っていた。

ではどうするか。私の頭に浮かんできたのは、かつての阪神タイガースの名ショート・吉田義男《よしだよしお》さんの俊敏なプレーである。吉田さんのグラブ捌きは「捕るが早いか投げるが早いか」と言われたぐらいに素早いものだった。私は「あれをキャッチャーもできないだろうか」と考え、ずいぶん練習した。

しかし、それも限界がある。何しろピッチャーの投げたボールがキャッチャーに届いたときには、福本はすでに二塁に到達しかけているからだ。

知力を尽くした戦いからアイデアが生まれた瞬間

そこで私がブレイザーと一緒になって考えたのが、ピッチャーがモーションに入ってからボールを投げるまでの時間を短くすることだった。そのためにはピッチャーが踏み出す足をあまり上げず、すり足のようにして投げればいい。そうすれば足が上がっている時間が少ないので、当然ボールを速く離すことができるからだ。私たちはこれは「ちっちゃいモーション」と呼び、福本が塁に出たときには私はピッチャーに「いいか、ちっちゃいモーションで投げろよ」と指示を出していた。

こんな話をすると、「それってクイックモーションのことではないか」と思われた方も多いだろうが、まさにそのとおりである。今でこそクイックモーションは野球の常識になっているが、当時は日本はもちろんメジャーリーグでもこれを実践している例はなかった。だからクイックモーションという言葉も存在しておらず、私たちは「ちっちゃいモーション」と呼んでいたのである。つまりクイックモーションは、福本対策用として私とブレイザーが編み出したものなのだ。

クイックモーションにしたからといって、福本の足を完全に防ぐことができたわけではなかった。ただしかなりの効果はあった。私たちのクイックモーションを見た他球団でも、次々とこれを導入するようになった。こうしてクイックモーションが野球界に定着していったのである。

大きかったのは、クイックモーションの浸透が盗塁阻止に関する概念の転換を野球界にもたらしたことである。かつては「盗塁はキャッチャーの責任で防がなくてはいけないもの」とされていたのが、「盗塁はピッチャーとキャッチャーの共同作業で防ぐもの」に変わったからだ。

――福本はピッチャーのクセを盗んで盗塁を仕掛け、南海ホークスのバッテリー陣はクイックモーションでこれに挑む――。ここにも「知力」と「知力」の戦いがあった。もちろんこちらが策を講じれば、福本もまた新たな手段を考えてくる。スポーツジャーナリストの二宮清純《にのみやせいじゅん》氏のインタビューに答えて、福本は次のように語っている。

「(クイックモーションには)困りました。でも、そのおかげで僕もまたピッチャーのリズムやセットに入ってからの時間などを研究して、〝これや〟という走るタイミングを見つけた。それでまた、みんなと違う走りができた。これはノムさんのおかげやね。ノムさんがクイックを考えてくれたからこそ、僕ももっと走ることに対して研究し、勉強できた。賢くなったと今でも感謝しています」

感謝しなくてはいけないのは私のほうである。福本がいたから、私はクイックモーションの発明者になれたわけだから……。

もし盗塁がランナーの足とキャッチャーの肩という単なる「力と力の勝負」にとどまっていたら、何と野球は味気ないものになったことだろうか。クイックモーションの開発や、盗塁阻止に関する概念の転換といった「野球の進化」もなかったはずである。

人間は考えることによって進化してきた動物である。知力を尽くした戦いが野球を進化させ、大げさに言えば社会を進化させるのである。

おわりに　～不器用に生まれてきてよかった

不器用な人間だったからチャレンジできた

私は野球選手としては不器用な人間である。天性の素質などというものは私にはなかった。そのためにほかの選手が躓かないようなところで躓《つまず》き、苦労をしてきた。

では「もっと器用な人間に生まれてきたかったですか？」と聞かれれば、答えは否である。

器用な人は、あまり努力をしなくても物事を簡単に成し遂げてしまう。そのため基本を知ることを疎かにしたり、手間暇をかけて考えるという作業を怠りがちだ。しかしそれで最後までうまくいくのは、ごく一部の天才だけだ。多くの選手は、若いときは天性の素質だけで乗り切ることができるが、ある年齢に達すると必ず壁にぶつかるときがやってくる。若いときに楽をしてしまったツケが、歳をとったときに全部はね返ってくるのだ。

もちろん器用でありながらも、なおかつ努力を続けることもできれば鬼に金棒なのだが、なかなかそういう人はいないものなのだ。

私は不器用な人間だったぶん、人一倍考え、感じ、またプロで通用する選手になるために失敗を恐れずに、常に新しいことにチャレンジしてきた。だからこそ私は、テスト生という身分からスタートして、選手としても監督としても３０００試合以上に出場することができ、今もこうして野球の世界に携わり続けることができているのだと思う。

もし私が中途半端に器用な人間だったとしたら、今ごろ野球界にはいなかったはずだ。ほかの選手たちと同じように、やっぱり楽な道を選んでいたことだろう。

ただし中途半端に器用な人は途中で躓くことになるが、真に器用な人のなかには、天性の才能だけで最後まで挫折することなく選手生活を全うするような人もいる。いわゆる長嶋茂雄のような「天才」というヤツである。

長嶋も実際には悩んだり苦労したり、努力したことがあったのかもしれない。だが見た目にはそれがわからなかった。そして長嶋は、人に苦労や努力を見せないまま、スーパースターとして選手生活を終えた。

では「野村さん、あなたも長嶋のような天才に生まれてきてみたかったですか？」と聞かれれば、答えはやはり否である。

私は長いプロ野球生活のなかで、長嶋以外にもうひとり天才を知っている。南海ホークス時代に私のチームメートだった広瀬叔功である。

広瀬は私のひとつ年下で、2年目に1軍デビューを果たすと、いきなり7打席連続安打を放った。

一方私はその年入団3年目で、やっと1軍の切符をつかみかけていたが、何と30打席もヒットを出せずにいた。「このままではまた2軍に落とされることになるぞ」という強い危機感を持って必死に練習に取り組んだが、それでも結果はついてこなかった。

私は自分を広瀬と比べて「しょせん俺のような凡才は、あいつのような天才に勝ることができないのか」と己の野球センスのなさを嘆いた。というのは私は、広瀬が宿舎で素振りをしている姿を一度も見たことがなかったからである。片や私はと言えば、毎日何百回と素振りをしていたのにまったくヒットが出なかった。

広瀬はその後も順調に名選手としての階段を駆け上がっていった。１９６３年には当時のパ・リーグのシーズン最多安打記録である１８７安打を記録。また俊足で鳴らしており、１９６４年には日本記録となる31連続盗塁成功を達成した。さらに１９６８年には、盗塁成功率9割5分7厘という驚異的な数字を残している。

後に私がホークスのプレーイング・マネージャーになったときのことである。当時南海には、藤原満《ふじわらみつる》という足の速い若手がいた。この藤原を広瀬の後継者にできないだろうかと考えた私は、あるとき広瀬に「藤原に盗塁術を教えてやってくれないだろうか」と頼んだ。広瀬は「いいよ」と気軽に引き受けてくれ、一塁ベース付近で藤原に指導を始めた。

ところが指導が終わって帰ってきた藤原は何やら浮かぬ顔をしている。「どうした、いろいろと教えてもらったんじゃないのか？」と聞くと、藤原は「実はよくわからなかったんです」と言う。

広瀬は藤原に対して、「盗塁というのはな、こういうふうにリードをとるだろう。ピッチャーがセットに入るだろう。投げたと思ったときに、パーッと走ればええんや」と言ったのだそうだ。そりゃ、よくわからないはずである。

私はその話を聞いて、「ああ、さすが広瀬は天才だな」と思った。天才は天才にしかわからない感覚で、世界を生きている。

今を幸せと思えるのは不器用だったから

正直、天才はうらやましいとは思う。でもなりたいとは思わない。凡才は天才とは違って、感覚だけで野球をすることはできない。「野球とは？」「キャッチャーとは？」「バッティングとは？」と必死になって頭で考えることを強いられる。しかしそのぶん自分なりの野球観をきちんと言語化して語ることができるようになる。野球の奥深いところまで足を踏み入れ、知ることができる。

一度野球の奥深さを知ると、今度はもっと知りたいという貪欲さが生まれる。野球の虜になり、野球について考えることをやめられなくなるのだ。

私が45歳まで現役を続けたのも、もっと野球を知りたかったからである。

また私は阪神タイガースの監督を退任したあと、社会人野球のシダックスの監督に就任した。プロ野球の監督経験者が社会人野球に足を踏み入れるのは例のないことだったが、これも自分が知らない野球の世界を知りたかったからである。

そして私は今年で79歳だが、今でも野球の虜であり、野球について考えることをやめられずにいる。

本書の執筆にあたって出版社の編集者と打ち合せをしたときに、編集者から「野村さんは、もう野球に関しては悔いがないんじゃないんですか」と聞かれた。

私は「そうだね。悔いはないね」と答えそうになりながら、すぐに「いや、違うな」と思った。「野球って本当にこんなものなのだろうか。まだ自分が知らない何か大事なことが残っているのではないだろうか」という思いがいまだに拭えないからだ。私はもっと野球を極めたいという気持ちを捨てきれないでいる。

だから今も私は、野球について考えることをやめられずにいるのだ。

私は野球の虜になった自分を幸せに思う。私は不器用な人間だったからこそ、苦労も多かったが、誰よりも幸せで奥深い野球人生を歩んでこられたように感じている。

2014年5月

野村克也

〈著者紹介〉

野村克也（のむら・かつや）

1935年、京都府生まれ。京都府立峰山高校を卒業し、1954年にテスト生として南海ホークス（現・福岡ソフトバンクホークス）に入団。1965年に戦後初の三冠王になったのをはじめ、MVP5回、首位打者1回、本塁打王9回、打点王7回、ベストナイン19回、ダイヤモンドグラブ賞1回などのタイトルを多数獲得した。1970年からは選手兼任監督となり、その後、ロッテオリオンズ、西武ライオンズに移籍。1980年に45歳で現役を引退、解説者となる。1989年に野球殿堂入り。1990年には、ヤクルトスワローズの監督に就任し、4度のリーグ優勝、3度の日本一に導く。1999年から3年間、阪神タイガースの監督、2002年から社会人野球のシダックス監督、2006年から東北楽天ゴールデンイーグルスの監督を歴任。2010年に再び解説者となり、現在、多方面で活躍中。

理《り》は変革《へんかく》の中《なか》に在《あ》り

2014年 5月29日　初版第一刷発行

著者　野《の》村《むら》克《かつ》也《や》

発行者　栗原武夫

発行所　KKベストセラーズ

〒170-8457　東京都豊島区南大塚2-29-7

電話　03-5976-9121（代表）

振替　00180-6-103083

http://www.kk-bestsellers.com

印刷所　近代美術株式会社

製本所　株式会社フォーネット社

DTP　株式会社三協美術

ISBN978-4-584-13573-0 C0095